Robert Schwandl

Städtischer Schienennahverkehr in
Urban Rail in Germany

U-BAHN, S-BAHN & TRAM IN BERLIN

Robert Schwandl

U-BAHN, S-BAHN & TRAM IN BERLIN

Städtischer Schienennahverkehr in der deutschen Hauptstadt
Urban Rail in Germany's Capital City

Mein Dank an Felix Thoma und Bernhard Kußmagk für ihre Hilfe bei der Aktualisierung dieses Buchs im Frühjahr 2014. Ebenfalls bedanke ich mich für diverse Leserzuschriften, so dass ein paar in der 1. Auflage enthaltene Fehler beseitigt werden konnten.

Robert Schwandl Verlag
Hektorstraße 3
D-10711 Berlin

Tel.: +49 (0) 30 - 3759 1284
Fax: +49 (0) 30 - 3759 1285

www.robert-schwandl.de
books@robert-schwandl.de

2., leicht veränderte Auflage, 2014

Text & Netzpläne* © Robert Schwandl
Fotos, wenn nicht anders vermerkt © Robert Schwandl
English Text: Robert Schwandl & Mark Davies

* Abdruck der offiziellen Netzpläne auf den Seiten 125-129
  mit freundlicher Genehmigung der BVG

Druck: Ruksaldruck, Berlin

ISBN 978-3-936573-43-5

INHALT | *Contents*

VORWORT

Auch wenn sich die Berliner gern und oft auch berechtigterweise über den öffentlichen Nahverkehr beschweren, kann ich als viel herumgekommener Neu-Berliner, der nun bereits seit 13 Jahren in dieser Stadt lebt, doch behaupten, dass Berlin im Vergleich zu anderen Metropolen ein hervorragendes Nahverkehrsnetz besitzt. Kaum eine andere Stadt der Welt verfügt im Verhältnis zur Einwohnerzahl über ein so großes Schienennetz und aufgrund der polyzentrischen Struktur der Stadt sind extrem beengte Verhältnisse in den Bahnen, wie man sie etwa aus London kennt, hier eher die Ausnahme.

Dieses Buch richtet sich vor allem an Einsteiger, an Interessierte, die sich ein Grundwissen aneignen möchten, seien es jüngere Berliner Nahverkehrsfreunde oder Leute von auswärts, die mit der Berliner Realität noch nicht so vertraut sind. Natürlich kann es mit seinen zahlreichen Tabellen auch eingefleischten Fans als Nachschlagewerk dienen. Ich habe versucht, Geschichte und Besonderheiten der Berliner Schienennahverkehrsmittel in kompakter Form zu präsentieren, und habe dies mit hoffentlich ansprechenden Bildern illustriert. Die zweite Auflage habe ich natürlich genutzt, um einige Daten zu aktualisieren und entdeckte Fehler zu beseitigen.

Weiterführende Literatur über U-Bahn, S-Bahn und Straßenbahn ist reichlich vorhanden, sowohl in unserem Verlag (siehe Seite 128) als auch bei anderen darauf spezialisierten Verlagen.

Ich hoffe, dass Ihnen dieses Buch Lust darauf macht, diese wunderbare Stadt und ihre Bahnen zu erkunden, zu entdecken gibt es auf jeden Fall genug!

Berlin, im Juni 2014

Robert Schwandl

FOREWORD

Berliners like complaining about their urban transport system, and often quite rightly so. But as a 'new Berliner', who has travelled quite a bit and has now lived in this city for 13 years, I daresay that Berlin has an excellent transport system compared to other metropolises. Hardly any other city in the world offers an urban rail network of this size in relation to its population. Due to the polycentric structure of the city, extreme overcrowding on trains, familiar to many commuters in London, for example, is rather the exception here.

This book is aimed mostly at 'beginners', i.e. people who want to acquire a basic understanding of the system, and not only young Berliners, but enthusiasts from around the country and abroad. Hopefully though, it may also serve as a reference work for the more experienced Berlin railway fan. I have tried to present the history and special features of the Berlin urban rail system in a concise but readable form, while the text is complemented with a generous amount of what I believe are appealing photographs. Many more specialised books have already been published for further reading, either by ourselves (see page 128) or by others. In this second edition, I have naturally taken the opportunity to update some information and eliminate the reported errors.

I hope that this book will encourage you to explore this wonderful city and its urban rail system by tram and train, as there is certainly a lot to discover.

Berlin, June 2014

Robert Schwandl

Der am 26. Mai 2006 eröffnete **Hauptbahnhof** ist schnell zu einem Wahrzeichen Berlins geworden. Er steht am Nordufer der Spree an der Stelle des alten Lehrter Bahnhofs, der als Fernbahnhof bereits seit 1952 außer Betrieb war, nur die S-Bahn hielt später noch am Lehrter Stadtbahnhof.
– Berlin's new central station was opened on 26 May 2006 and is now one of the city's landmarks. It is located on the north bank of the River Spree, on the site of the former Lehrter Bahnhof, which had been out of service as a mainline station since 1952, with later only the S-Bahn calling at Lehrter Stadtbahnhof.

Berlin ist die Hauptstadt der Bundesrepublik Deutschland und gleichzeitig eines von 16 Bundesländern. Heute leben in Berlin 3,42 Mio. Menschen. Die umliegende Region im Bundesland Brandenburg ist relativ dünn besiedelt, weshalb die Gesamteinwohnerzahl des Großraums kaum die 4-Millionen-Grenze erreicht. Mit 150.000 Einwohnern ist Potsdam die größte Stadt im sog. Berliner „Speckgürtel", und auch die einzige mit über 50.000 Einwohnern.

Berlin ist eine eher junge Stadt, auch wenn eine erste Erwähnung bereits auf die Mitte des 13. Jahrhunderts zurückgeht, als am Ostufer der Spree unweit des heutigen Rathauses eine Siedlung entstand, die sich bald mit der auf der Spreeinsel gelegenen Ortschaft Cölln zusammenschloss. Mitte des 15. Jahrhunderts wurde Berlin Residenzstadt der brandenburgischen Markgrafen und 1701 schließlich unter Friedrich I. Hauptstadt Preußens. 1861 wurde das Stadtgebiet durch Eingemeindung von Wedding und Moabit sowie der Tempelhofer, der Schöneberger, der Spandauer und weiterer Vorstädte erheblich ausgedehnt. Mit Gründung des Deutschen Reiches im Jahr 1871 wurde Berlin Reichshauptstadt. Dadurch und durch die längst begonnene Industrialisierung stieg die Einwohnerzahl von Berlin und seinen Nachbarstädten wie Charlottenburg, Schöneberg, Neukölln oder Lichtenberg rasant an und erreichte 1912 allein im damaligen Berlin die 2-Millionen-Marke. Nach dem Ersten Weltkrieg und dem damit verbundenen Zusammenbruch des Kaiserreichs konnte schließlich eine Einigung zur Gründung von Groß-Berlin im Jahr 1920 erreicht werden. Das neue Stadtgebiet entsprach weitgehend dem des heutigen Landes Berlin (892 km²) und schloss nicht nur die Städte Charlottenburg, Wilmersdorf, Schöneberg, Neukölln, Lichtenberg und Spandau

*The capital of the Federal Republic of Germany, and at the same time one of its 16 federal states, **Berlin** is home to 3.42 million people. The surrounding region in the state of Brandenburg is so sparsely populated that the overall population of the metropolitan area (including Potsdam with some 150,000 inhabitants) barely reaches the 4 million mark.*

Berlin is a fairly young city, even though it was first mentioned back in the middle of the 13th century when a settlement was founded on the east bank of the River Spree near the present city hall, which soon merged with the town called Cölln, situated on the Spree Island. In the middle of the 15th century, Berlin became the residence of the Margrave of Brandenburg and in 1701, under Frederick I, Prussia's capital. In 1861, the city expanded considerably with the annexation of Wedding and Moabit as well as the Tempelhofer Vorstadt, the Schöneberger Vorstadt, the Spandauer Vorstadt and other suburbs. In addition, the foundation of the German Empire in 1871 saw Berlin become the German capital. This and the process of industrialisation, which had started long before, led to a rapid rise in the population of Berlin and its neighbouring cities such as Charlottenburg, Schöneberg, Neukölln and Lichtenberg, and by 1912, Berlin alone had reached the 2 million mark. After World War I and the subsequent collapse of the Empire, an agreement was finally reached on the creation of Greater Berlin in 1920. The new municipal area largely corresponded to what is now the State of Berlin (892 km²) and included not only the cities of Charlottenburg, Wilmersdorf, Schöneberg, Neukölln, Lichtenberg and Spandau, but also many smaller townships and even some rural areas in the surrounding former counties of Teltow, Niederbarnim

ein, sondern auch zahlreiche Gemeinden und sehr ländlich geprägte Gebiete der umliegenden damaligen Landkreise Teltow, Niederbarnim und Osthavelland. Das Stadtgebiet hatte sich dadurch verdreizehnfacht, die Bevölkerung etwa verdoppelt und lag mit knapp vier Millionen höher als heute. Die Höchstmarke wurde 1942 mit knapp 4,5 Millionen erreicht.

Nach dem Zweiten Weltkrieg wurde die Stadt analog zum gesamten Land von den vier Siegermächten besetzt. Als Insel in der sowjetischen Besatzungszone gelegen, wurde Berlin in vier Sektoren eingeteilt, den sowjetischen im Osten, den französischen im Nordwesten, den britischen im Westen und den amerikanischen im Süden und Südwesten. Das historische Stadtzentrum wurde dem sowjetischen Sektor zugeschlagen. Nach der Gründung der Bundesrepublik und der DDR im Jahr 1949 begann die allmähliche Teilung der Stadt. West-Berlin behielt bis zur Wiedervereinigung im Jahr 1990 einen Sonderstatus, gehörte aber faktisch zur BRD. Ost-Berlin, das theoretisch auch weiterhin dem Vier-Mächte-Status untergeordnet war, wurde offiziell als „Berlin – Hauptstadt der DDR" bezeichnet. Mit dem Bau der Berliner Mauer am 13. August 1961 wurde die bis 1989 anhaltende Trennung besiegelt. Damals lebten in West-Berlin etwa 2,2 Mio. Menschen, womit es trotz Teilung die größte deutsche Stadt war, und in Ost-Berlin knapp über eine Million.

Nach der Wiedervereinigung im Jahr 1990 und der Rückkehr der Regierung von Bonn nach Berlin erwartete man einen enormen Bevölkerungszuwachs von bis zu 5 Millionen, der jedoch ausblieb. Heute ist die Tendenz leicht steigend.

Der 368 m hohe Fernsehturm und die Marienkirche im Zentrum von **Berlin-Mitte**
– *The 368 m high TV tower and St. Mary's Church in the centre of Berlin-Mitte*

Die Kaiser-Wilhelm-Gedächtniskirche bildet mit ihrer Turmruine und ihren modernen Anbauten das Zentrum der **City West**.
– *The Kaiser Wilhelm Memorial Church, with its war-hit spire and modern annexes, is the centre of the "City West".*

and Osthavelland. The urban area thus became thirteen times larger than before while the population doubled, which at just under 4 million was higher than it is nowadays. In 1942, the population peaked at nearly 4.5 million.

After World War II, the capital city, like the rest of the country, was occupied by the four allied forces. As an island within the Soviet occupation zone, Berlin was divided into four sectors: the Soviet in the east, the French in the northwest, the British in the west and the American in the south and southwest. The historical city centre was assigned to the Soviet sector. After the foundation of the Federal Republic of Germany and the German Democratic Republic (GDR) in 1949, the gradual division of the city began. West Berlin retained its special status until reunification in 1990, although in fact it had always belonged to the Federal Republic. East Berlin, which in theory also remained under the control of the four occupation powers, became known as "Berlin – Capital of the GDR". The erection of the Berlin Wall on 13 August 1961 marked the definitive separation which persisted until 1989. West Berlin then had a population of about 2.2 million, making it the largest city in Germany despite the city's division, while just over a million people lived in East Berlin.

After reunification in 1990 and the return of the national government from Bonn to Berlin, a huge increase in population to approximately 5 million was expected, but this did not happen. The current trend is that of a moderate population growth.

Friedrichstraße (08-12-2011) – In Nord-Süd-Richtung fährt auch die S-Bahn unterirdisch durch das Stadtzentrum, zwischen 1961 und 1990 quasi als Geisterbahn. – *On the north-south route, even the S-Bahn runs underground through the city centre – between 1961 and 1990 as a ghost train.*

Öffentlicher Nahverkehr in Berlin

Vor allem dank der Planer und Verantwortlichen zu Beginn des 20. Jahrhunderts verfügt Berlin heute über ein ausgedehntes Schnellbahnnetz, das aus zwei sich ergänzenden Systemen besteht, der U-Bahn und der S-Bahn. Bis in die 1960er Jahre überzog auch ein dichtes Straßenbahnnetz die gesamte Stadt, doch dieses wurde in West-Berlin Opfer eines weltweiten Trends und verschwand dort komplett. Das heutige Netz im Osten der Stadt, das nach der Wende, wenn auch zögerlich, auf einzelnen Strecken in den Westen ausgedehnt wurde, gehört jedoch weiterhin zu den größten weltweit. Das Schienennetz aus U-Bahn, S-Bahn und Tram, das auf Berliner Gebiet eine Netzlänge von über 600 km ergibt, wird durch ein dichtes Busnetz ergänzt, wobei fast alle Linien mindestens im 20-Minuten-Takt verkehren. Auf vielen kommen Doppeldecker-Busse zum Einsatz, die man in Deutschland sonst nur im baden-württembergischen Aalen findet. Während an Wochenenden auch U-Bahnen und S-Bahnen nachts durchgehend unterwegs sind, wird während der Woche ein Nachtverkehr mit Bussen (MetroBus- und Nachtbus-Linien) und Straßenbahnen (MetroTram-Linien) angeboten. Beim Nahverkehrsangebot sind die Regionalbahnen (RE und RB) nicht zu vergessen, die auch für Fahrten innerhalb Berlins eine gewisse Relevanz haben, sowie die fünf BVG-Fähren, die auch bei Ausflüglern sehr beliebt sind. Bis auf die S-Bahn und die Regionalbahnen werden alle Verkehrsmittel innerhalb Berlins von der BVG (*Berliner Verkehrsbetriebe* – www.bvg.de), einer Anstalt des öffentlichen Rechts, betrieben.

Außer Fernzügen (ICE, IC, EC) kann man in Berlin alle Verkehrsmittel mit einem einzigen Fahrschein des VBB-Tarifs benutzen. Der VBB (*Verkehrsverbund Berlin-Brandenburg*) wurde 1999 gegründet und umfasst neben Berlin das gesamte Bundesland Brandenburg. Während in der ländlichen Region ähnlich wie bei anderen Verkehrsverbunden ein kombinier-

Public Transport in Berlin

Thanks primarily to the planners and the politically responsible people at the beginning of the 20th century, Berlin now has an extensive rapid transit network, consisting of two complementary systems, the U-Bahn and the S-Bahn. Until the 1960s, a dense tram network covered the entire city, too, but in line with the global trend, the tram system was completely abandoned in West Berlin. Today's tram network in the eastern parts of the city, however, is still among the largest in the world, and after reunification, it was even extended into West Berlin on a few selected routes. The urban rail network of U-Bahn, S-Bahn and tram lines has a total length of over 600 km within the Berlin city boundaries, and is complemented by a dense network of bus routes, with almost all routes being served at least every 20 minutes, many with double-decker buses, which in Germany can only be found in Berlin and Aalen (Baden-Württemberg). While on weekends, U-Bahn and S-Bahn trains also operate all night long, night service during the week is provided by bus (MetroBus and night bus) and tram (MetroTram). The urban transport system also includes regional train services (RE and RB), as well as five BVG ferries, which are very popular with day trippers, too. Except for the S-Bahn and regional trains, all transportation within Berlin is provided by the BVG (Berliner Verkehrsbetriebe – www.bvg.de), a city-owned company.

Except for long-distance trains (ICE, IC, EC), all transport in Berlin can be used with a single VBB ticket. The VBB (Verkehrsverbund Berlin-Brandenburg) was founded in 1999, and besides Berlin, covers the entire State of Brandenburg. While in the rural areas, distance-based fares are combined with honeycomb-type fare zones like in other parts of Germany, Berlin and its immediate surroundings are divided into three simple circular fare zones ABC: A for the area within

Möckernbrücke > Gleisdreieck (11-09-2011) – Auf der ältesten Strecke von 1902 fährt die U-Bahn oben, während die S-Bahn hier seit 1939 unterirdisch kreuzt.
– *On the oldest section, opened in 1902, the U-Bahn runs high above ground, while the S-Bahn has been crossing underground at this point since 1939.*

ter Waben-/Entfernungstarif gilt, ist Berlin und sein direktes Umland in drei einfache Tarifbereiche ABC eingeteilt: A für das Gebiet innerhalb des S-Bahn-Rings, B für den Rest des Berliner Stadtgebiets und C für das Umland (z. B. Flughafen Berlin-Schönefeld, Potsdam und Straßenbahnen östlich von Berlin). Es werden Fahrscheinkombinationen AB, BC und ABC angeboten. Preislich liegt Berlin deutschlandweit im Mittelfeld: Ein Einzelfahrschein kostet 2,60 € (AB) bzw. 3,20 € (ABC), eine Tageskarte 6,70 € bzw. 7,20 € [Preise 2014]. Für Besucher der Stadt lohnt sich oft eine Wochenkarte oder eine „Berlin Welcome Card" bzw. „Berlin CityTourCard" (mit Ermäßigungen bei Museen usw.). Fahrscheine sind grundsätzlich vor der ersten Fahrt zu entwerten! Wie auch sonst in Deutschland gibt es bei U-Bahn und S-Bahn keine Zugangssperren. [www.vbb.de]

the S-Bahn ring, B for the rest of the city of Berlin, and C for the surrounding area (including, e.g., Berlin-Schönefeld Airport, Potsdam and the tram systems on the eastern fringes of Berlin). Ticket combinations for zones AB, BC and ABC are available. Berlin's fares are average compared to other German cities: A single ticket costs € 2.60 (AB) or € 3.20 (ABC), and a day ticket € 6.70 or € 7,20 [prices for 2014]. For visitors, a weekly pass, a "Berlin Welcome Card" or a "Berlin CityTourCard" (with discounts at museums, etc.) may be worthwhile. Tickets have to be validated before the first ride! As is normal in Germany, there are no access gates at U-Bahn and S-Bahn stations. [www.vbb.de]

Roseneck (30-11-2011) – Wie U-Bahn, S-Bahn und Tram gehören auch die gelben Doppeldecker-Busse zum bekannten Stadtbild von Berlin.
– *Like the U-Bahn, the S-Bahn and the tram, the yellow double-decker buses are a well-known element in Berlin's urban landscape.*

Bernauer Straße (05-05-2011) – Nur an wenigen Stellen erreicht die Tram ehemals West-Berliner Gebiet, wie hier entlang der früheren Grenze. (B. Kußmagk)
– *Today, the tram rarely reaches former West Berlin territory, like here on Bernauer Straße, which used to run along the Berlin Wall.*

U1 Schlesisches Tor > Warschauer Straße (25-09-2011) – Der gemauerte Viadukt auf der 1896 erbauten Oberbaumbrücke ist ein Wahrzeichen der Berliner U-Bahn. – *The brick-built viaduct on the Oberbaumbrücke, built in 1896, is certainly one of the U-Bahn's architectural highlights.*

Die Berliner U-Bahn

Die neun Berliner U-Bahn-Linien werden wie die Straßenbahn von der 1929 gegründeten BVG (Berliner Verkehrsbetriebe) betrieben. In den Hauptverkehrszeiten verkehrt die U-Bahn alle 4-5 Minuten, abends alle 10 Minuten. Der Betrieb beginnt um ca. 4 Uhr und endet sonntags bis donnerstags um ca. 0:30 Uhr. An Wochenenden (Fr/Sa und Sa/So) wird auf allen Linien (außer U4) nachts ein durchgehender 15-Minuten-Takt angeboten.

🆄 U-Bahn-Geschichte
1902, als die erste Strecke der *Berliner Hoch- und Untergrundbahn* eröffnet wurde, war Berlin nach London (1863, elektrisch 1890), Glasgow (1896), Budapest (1896) und Paris (1900) die fünfte Stadt Europas mit einer U-Bahn. In Amerika verkehrten damals nur in Boston Straßenbahnen im Tunnel, allerdings gab es sowohl in New York als auch in Chicago bereits ein weitreichendes Netz von Hochbahnen. Auch in Berlin verlief die erste, von Siemens & Halske errichtete Linie größtenteils als Hochbahn zwischen Warschauer Straße und Nollendorfplatz, lediglich im nobleren Charlottenburg musste man von Anfang an unter die Erde. So entstanden bereits 1902 neben einer provisorischen Endstation am Abzweig zum Potsdamer Platz die ersten unterirdischen Bahnhöfe Wittenbergplatz, Zoologischer Garten und Knie (heute Ernst-Reuter-Platz).

Nach dem Erfolg der ersten Strecke, die das eigentliche Stadtzentrum nur tangierte, wurde das Netz nach und nach ausgebaut. Mit der Verlängerung vom Potsdamer Platz zum Spittelmarkt im Jahre 1908 wurde auch das Stadtzentrum erreicht. Bereits 1906 war die U-Bahn bis ins Zentrum von Charlottenburg verlängert worden. 1910 kam die knapp 3 km

The Berlin U-Bahn

Berlin's nine U-Bahn lines, as well as the city's tram network, are operated by the BVG (Berliner Verkehrsbetriebe), founded in 1929. During peak hours, the U-Bahn operates every 4-5 minutes, and in the evening, every 10 minutes. Services start at around 04:00 on weekdays, with the last trains running at around 00:30. At weekends (Fri/Sat and Sat/Sun), a continuous 15-minute night service is provided on all lines except line U4.

🆄 *U-Bahn History*
In 1902, when the first route of the 'Berliner Hoch- und Untergrundbahn' [Berlin Elevated & Underground Railway] was opened, Berlin became the fifth city in Europe to have an underground metro, after London (1863, electric traction 1890), Glasgow (1896), Budapest (1896) and Paris (1900). In America at that time, underground trains could only be seen in Boston, although New York and Chicago already boasted numerous elevated lines. Berlin's first metro line, built by Siemens & Halske, was also mainly elevated, namely from Warschauer Straße to Nollendorfplatz, and only the stretch through the more affluent Charlottenburg had to be built below ground from the beginning. Besides the temporary terminus of the

U-Bahn

145,6 km (ca. 29 km oberirdisch | *on the surface*), 195 U-Bahnhöfe | *stations*
 ♦ 43,0 km Kleinprofilnetz | *small-profile network*
 ♦ 102,6 km Großprofilnetz | *large-profile network*
2 km (3 U-Bahnhöfe | *stations*) im Bau | *under construction*
9 Linien | *lines*

lange „Schöneberger U-Bahn" (heute U4) und 1913 die Strecke der heutigen U3 durch Wilmersdorf bis Thielplatz sowie die Verlängerung durch die Innenstadt bis Schönhauser Allee hinzu, so dass bei Ausbruch des 1. Weltkriegs ein Netz von ca. 38 km zur Verfügung stand. Die ersten Strecken bilden heute das **Kleinprofilnetz** (Linien U1–U4), d.h. das Tunnelprofil der fast durchweg in einfacher Tiefenlage gebauten Strecken erlaubt nur eine Wagenbreite von 2,30 m. Die meisten Bahnsteige waren anfangs 90 m lang und wurden später auf 110 m für den Einsatz von 8-Wagen-Zügen verlängert. Die Stromversorgung erfolgt bis heute über eine von oben bestrichene seitliche Stromschiene. Im Laufe der Jahrzehnte wurde das Kleinprofilnetz noch geringfügig auf heute 43 km erweitert. Die Gleislage am Knoten Wittenberg- platz erlaubt die verschiedensten Linienführungen, weshalb es auch immer wieder zu Anpassungen der einzelnen Linien kam, zuletzt im Dezember 2004, als die neue Bezeichnung U3 für den Ast nach Krumme Lanke eingeführt wurde.

Während das Kleinprofilnetz von der privaten Hochbahn- gesellschaft betrieben wurde, begann die Stadt Berlin 1912 mit dem Bau ihrer ersten eigenen Linie, der „Nord-Süd-Bahn" (heu- te U6). 1913 fingen auch die Arbeiten an der sog. „GN-Bahn", der von der AEG initiierten Strecke von Gesundbrunnen nach Neukölln (heute U8), an. Beide Strecken waren der Anfang des **Großprofilnetzes**, das den Einsatz von 2,65 m breiten Fahr- zeugen und eine von unten bestrichene Stromschiene vorsah. Wie bei den Kleinprofilstrecken beträgt die Spurweite 1435 mm. Die Bauarbeiten an den beiden Linien kamen jedoch durch den 1. Weltkrieg zum Erliegen, so dass die erste Großprofillinie (U6) erst 1923 in Betrieb genommen werden konnte. In den 1920er Jahren kam es zu einem wahrhaften U-Bahn-Bauboom, der den Berlinern neben der neuen „Nord-Süd-Bahn", inklusive Ab- zweig nach Neukölln (heute Teil der U7) auch noch die ersten Abschnitte der heutigen U5 und U8 bescherte. Während die Bahnhöfe der U6 meist noch wie bei den Kleinprofillinien direkt unter der Oberfläche ohne Zwischengeschosse und mit einer Länge von nur 81 m errichtet worden waren, baute man bei den beiden anderen Großprofillinien erstmals Verteilergeschosse, um die Ausgänge an den Straßenrändern und nicht wie bisher in Straßenmitte anordnen zu können; außerdem wurde die Bahnsteiglänge mit 120-130 m festgelegt.

Nachdem das Berliner U-Bahn-Netz 1930 eine Gesamtlänge von 76 km erreicht hatte, gab es wegen der Wirtschaftskrise und des 2. Weltkriegs bis in die 1950er Jahre keine Netzerwei- terungen. Als erstes wurde die U6 nach Tegel verlängert, dann folgte die neue Linie U9, die angesichts der faktischen Teilung

branch to Potsdamer Platz, the first underground stations were thus opened at Wittenbergplatz, Zoologischer Garten and Knie (now Ernst-Reuter-Platz) in 1902.

With the success of the first route, which did not reach the city centre proper, the network gradually expanded. The extension from Potsdamer Platz to Spittelmarkt in 1908 took the U-Bahn into the city centre. In Charlottenburg, the U-Bahn had been extended into the centre of the then inde- pendent city in 1906. In 1910, the 3 km 'Schöneberg U-Bahn' (now line U4) was added, followed in 1913 by today's U3 through Wilmersdorf up to Thielplatz, as well as a northern extension through the city centre to Schönhauser Allee. At the beginning of World War I, the network had a total length of 38 km. The original routes now form the **small-profile network** (lines U1-U4), i.e. their tunnels mostly run just below street level and are only large enough for 2.3 m wide trains. Most platforms were initially only 90 m long, but were later extended to 110 m for the use of 8-car trains. Power has always been collected from the top of a third rail. The small-profile network was later extended until it reached its present length of 43 km. The track layout at Wittenbergplatz allows flexible workings between lines, and in fact there have been many line changes in the past, the most recent being in December 2004, when the present U3 began operating on the branch to Krumme Lanke.

While the small-profile lines were operated by a private company, the city began to build its own line in 1912, the 'Nord-Süd-Bahn' (north-south line, now U6). In 1913, the construction of the so-called 'GN-Bahn' also started; this line was an AEG project and was to run from Gesundbrunnen to Neukölln (now U8). These two lines were the beginning of the **large-profile network**, which allowed the use of 2.65 m wide cars and introduced a third rail with power being collected from the underside. Both small-profile and large-profile lines share the same track gauge, which is standard 1435 mm. Construction on the two new lines was interrupted by World War I, and the first large-profile line (today's U6) only opened in 1923. The 1920s saw a real construction boom, resulting in two more lines (the initial sections of today's lines U5 and U8), plus a branch off the north-south line to Neukölln (now part of line U7). Whereas the stations on line U6 were mostly built just below street level without mezzanines, like those on the small-profile lines, the later lines had intermediate levels to place the exits on the sides of the street above rather than in the middle. Platform lengths were now fixed at 120-130 m.

With the Berlin U-Bahn network having reached a total length of 76 km by 1930, expansion was then halted until the 1950s by the economic crisis and World War II. The first line to be extended after the war was line U6 to Tegel, followed by the new U9, which was actually conceived as the first line

U2 Eberswalder Straße (ex Dimitroffstraße; 12-05-1988) – AII-Zug im BVB-Anstrich auf dem Weg Richtung Otto-Grotewohl-Str. (heute Mohrenstr.) über Alexanderplatz
– AII train in BVB livery on its way to Otto-Grotewohl-Straße (now Mohrenstraße) via Alexanderplatz (Bernhard Kußmagk)

der Stadt bereits als reine West-Berliner Linie konzipiert war. Ihre Inbetriebnahme erfolgte 1961 unmittelbar nach dem Bau der Berliner Mauer.

Die endgültige Teilung der Stadt hatte auch erhebliche Konsequenzen für das U-Bahn-Netz. Während die U1 am Bahnhof Schlesisches Tor gekappt und die U2 am Potsdamer Platz in zwei Linien geteilt wurde, verwandelten sich die Bahnhöfe der U6 (außer Friedrichstraße) und U8 auf Ost-Berliner Gebiet für fast 29 Jahre in Geisterbahnhöfe, die ohne Halt von den West-Berliner Zügen durchfahren wurden. Im Ostteil der Stadt verblieben lediglich die Strecken Mohrenstraße – Vinetastraße (heute U2) und Alexanderplatz – Friedrichsfelde (heute U5).

In der geteilten Stadt entwickelte sich das U-Bahn-Netz sehr unterschiedlich. Während man im Osten auf den Ausbau der S-Bahn und der Straßenbahn setzte, wurde die Straßenbahn im Westen ganz stillgelegt und die von der DDR-Reichsbahn betriebene S-Bahn boykottiert, stattdessen wurde der U-Bahn-Bau vorangetrieben. Grundlage dafür war der in den 1950er Jahren ausgearbeitete 200-km-Plan, der im Prinzip auch heute noch gültig ist. In den 1960er und 1970er Jahren entstand die neue Linie U7 (die heutigen Liniennummern lösten 1966 die früher benutzten Linienbuchstaben ab, das U wurde aber erst 1984 bei Übernahme der West-Berliner S-Bahn durch die BVG davorgesetzt), gleichzeitig wurde die U9 an beiden Enden verlängert. Nachdem die U7 im Jahr 1984 ihre heutige Länge erreicht hatte, wurde die U8 nach Norden erweitert. In Ost-Berlin hingegen wurde lediglich die Linie nach Friedrichsfelde (U5) 1973 um eine Station erweitert. Erst als die Kapazität der S-Bahn an ihre Grenzen gestoßen war, entschloss man sich, diese Linie oberirdisch zu den neuen Wohnsiedlungen in Hellersdorf zu verlängern.

exclusively for West Berlin. It opened in 1961, only a few weeks after the Berlin Wall had been erected.

The ultimate division of the city led to a number of important changes to the U-Bahn network. Line U1 was curtailed at Schlesisches Tor and line U2 was severed at Potsdamer Platz, resulting in two separate lines. All the stations on lines U6 (except Friedrichstraße) and U8 that were on East Berlin territory were turned into ghost stations for almost 29 years, which West Berlin trains passed through without stopping. The eastern part of the city was left with just two U-Bahn lines, one from Mohrenstraße to Vinetastraße (now U2), and one from Alexanderplatz to Friedrichsfelde (now U5).

In the divided city, the development of the U-Bahn saw two different approaches: whereas in the East, the emphasis was put on the expansion of the S-Bahn and tram networks, in the West, the tram was totally abandoned, and the S-Bahn, operated by the East German Reichsbahn, was boycotted; instead, U-Bahn construction was given priority.

The expansion of the U-Bahn was based on the so-called '200 km master plan', designed during the 1950s and basically still in force today. The 1960s and 1970s saw the new line U7 (the line numbers replaced the former line letters in 1966, although the U prefix only came into use in 1984 when the West Berlin S-Bahn was taken over by the BVG), while line U9 was extended at both ends. Once line U7 had reached its present length in 1984, line U8 was extended northwards. In East Berlin, the only change was the extension of the Friedrichsfelde line (U5) by one station in 1973. However, when the capacity of the S-Bahn had reached its limit, the new housing estates in Hellersdorf were eventually linked by a surface U-Bahn extension.

Vier Monate nachdem die U5 ihren östlichen Endpunkt Hönow erreicht hatte, fiel am 9. November 1989 die Berliner Mauer. Während die Züge der U8 bereits zwei Tage später wieder am U-Bahnhof Jannowitzbrücke hielten, konnten bis Juli 1990 alle ehemaligen Geisterstationen auf den Transitstrecken U6 und U8 wieder geöffnet werden. Die Lückenschlüsse der durch die Mauer unterbrochenen Linien mussten noch einige Jahre warten: 1993 fuhr die U2 wieder durchgehend über Potsdamer Platz und seit 1995 überquert auch die U1 wieder die Oberbaum-brücke. Ansonsten lag in den 1990er Jahren der Schwerpunkt beim Wiederaufbau des S-Bahn-Netzes, bei der U-Bahn kamen lediglich kleine Ergänzungen hinzu, die vor allem einer besseren Gesamtnetzbildung dienten: 1994 Paracelsus-Bad – Wittenau, 1996 Leinestraße – Hermannstraße (beide U8) und 2000 Vineta-straße – Pankow (U2).

Der Beschluss, den Regierungssitz wieder von Bonn in die alte Hauptstadt zu verlegen, enthielt die Verlängerung der U5 zum Anschluss des neuen Regierungsviertels und des neuen Hauptbahnhofs. Dabei kam es immer wieder zu Verzögerungen, nur der Abschnitt durch das Regierungsviertel wurde im Zuge der anderen Bautätigkeiten mitgebaut. Seit 2009 wird nun der Abschnitt Hauptbahnhof – Brandenburger Tor als U55 betrieben. Das fehlende Teilstück bis Alexanderplatz soll nach heutigem Stand vor Ende des Jahrzehnts fertiggestellt werden. Andere einst geplante und durchaus sinnvolle Netzerweiterungen, wie die U8 ins Märkische Viertel oder die U9 nach Lankwitz bzw. zum Klinikum Steglitz, sind aus Geldmangel in weite Ferne gerückt. Des Weiteren wäre es notwendig, die U1 von Uhlandstraße bis mindestens Adenauerplatz und von Warschauer Straße bis Frankfurter Tor zu verlängern, ebenso wie die U3 von Krumme Lanke bis Mexikoplatz. Mit relativ wenig Aufwand würde sich der Gesamtnetzeffekt wesentlich verbessern.

On 9 November 1989, four months after line U5 had been extended to Hönow, the Berlin Wall collapsed. While U8 trains started serving Jannowitzbrücke just two days later, and all ghost stations on lines U6 and U8 had been reopened by July 1990, it was several years before the divided lines were reestablished: in 1993, line U2 began through-operation via Potsdamer Platz, and in 1995, line U1 once again crossed the River Spree on the Oberbaumbrücke to reach Warschauer Straße. During the 1990s, however, priority was given to the reconstruction of the S-Bahn network, and only short extensions were built for the U-Bahn: in 1994, Paracelsus-Bad – Wittenau, in 1996, Leinestraße – Hermannstraße (both on line U8), and in 2000, Vinetastraße – Pankow (U2).

The decision to transfer the seat of the federal government from Bonn to Berlin included the extension of line U5 from Alexanderplatz to serve the new government district as well as the new central railway station. The project has suffered many delays, and as part of the overall infrastructure, only the section through the government district was built. Since 2009, line U55 has been operating between Hauptbahnhof and Brandenburger Tor. The missing middle section between Brandenburger Tor and Alexanderplatz is currently predicted to be completed before the end of the decade. Other projects have been shelved, although some of them, like line U8 to Märkisches Viertel and Klinikum Steglitz, would certainly be useful. U1 extensions from Uhlandstraße to at least Adenauerplatz, as well as from Warschauer Straße to Frankfurter Tor, along with a U3 extension from Krumme Lanke to Mexikoplatz, would not require a large investment, but would improve the overall network layout considerably.

U5 Schillingstraße (18-04-2010) – H-Zug Nr. 5033 in einem der 2004 umgestalteten Bahnhöfe der ehemaligen Linie E
– H train no. 5033 in one of the stations on the old line E which were refurbished in 2004

Ⓤ Linie U1 Uhlandstraße – Warschauer Straße

Die U1 verkehrt heute tagsüber durchgehend im 5-Minuten-Takt mit Zügen der Baureihe A3E bzw. A3L. Zwischen Wittenbergplatz und Nollendorfplatz werden die Gleise der U1 von der U3 mitbenutzt, am Wittenbergplatz hält die U1 Richtung Osten an einem eigenen Bahnsteig, am Nollendorfplatz in umgekehrter Richtung.

Die Kleinprofillinie U1 kann man in drei Abschnitte gliedern: die Hochbahnstrecke durch Kreuzberg, welche 1902 Teil der ersten Berliner U-Bahn-Linie war, die sog. ‚Entlastungsstrecke' von 1926 sowie die ‚Kurfürstendamm-Linie'. Bis zum 2. Weltkrieg gab es direkt am Ostufer der Spree an der Oberbaumbrücke die Station Stralauer Thor (später Osthafen). Der U-Bahnhof Kurfürstendamm wurde hingegen erst 1961 als Umsteigestation zur U9 eingebaut.

Nach einem schweren Unfall im Jahr 1908 wurde das ursprüngliche Gleisdreieck umgebaut und es entstand 1912 der heutige Turmbahnhof Gleisdreieck. Die ‚Entlastungsstrecke' über Kurfürstenstraße und Nollendorfplatz zum Wittenbergplatz wurde allerdings erst 1926 fertiggestellt. Westlich des Hochbahnhofs Gleisdreieck verschwindet die U1 noch in Hochlage im ‚Tunnel', die eingehauste Rampe überquert die Dennewitzstraße und erreicht erst in den Hinterhöfen der Bebauung zwischen Kurfürstenstraße und Pohlstraße die einfache Tieflage. Am Nollendorfplatz entstand 1926 eine gemeinsame doppelstöckige Station mit der ‚Schöneberger U-Bahn' (U4). Vom Wittenbergplatz fährt die U1 heute weiter nach Westen unter dem Kurfürstendamm und endet am Bahnhof Uhlandstraße. Diese Strecke sollte ursprünglich entlang des Kurfürstendamms Richtung Halensee und Grunewald verlängert werden, was aber bis heute nicht geschehen ist, auch wenn es durchaus sinnvoll wäre. Lediglich am Adenauerplatz wurde beim Bau der U7 der Bahnsteig für die ‚Kudamm-Linie' mitgebaut. Nach den

Ⓤ Line U1 Uhlandstraße – Warschauer Straße

During daytime hours, line U1 provides a 5-minute headway. It is served by A3E and A3L trains. Between Wittenbergplatz and Nollendorfplatz, the U1 tracks are shared by line U3; at Wittenbergplatz, each line has a separate platform in the eastern direction, and at Nollendorfplatz, in the western direction.

The small-profile line U1 consists of three sections: the elevated route through Kreuzberg, which was part of Berlin's first metro line, the so-called 'relief line' from 1926, and the short branch along Kurfürstendamm. Until World War II, there was an additional station called Stralauer Thor (later Osthafen) on the east bank of the River Spree, adjacent to the Oberbaumbrücke. Kurfürstendamm station, however, was only added in 1961 to provide transfer to the new U9.

After a serious accident in 1908, the original track triangle [Gleisdreieck] was rebuilt, and the present station Gleis-

U1

8,9 km (5,6 km oberirdisch | *surface*)
(0,8 km gemeinsam mit U3 | *shared with U3*)
13 Bahnhöfe | *stations*

18-02-1902 [Potsdamer Platz –] Möckernbrücke – Osthafen (Stralauer Thor)
17-08-1902 Osthafen – Warschauer Straße
03-11-1912 + Gleisdreieck
12-10-1913 Wittenbergplatz – Uhlandstraße
24-10-1926 Gleisdreieck – Wittenbergplatz (via Kurfürstraße)
          1945 [X] Osthafen (Stralauer Thor)
02-09-1961 + Kurfürstendamm
13-08-1961 [X] Schlesisches Tor – Warschauer Straße
14-10-1995 Schlesisches Tor – Warschauer Straße*

[X] Schließung | *Closure*   * Wiederinbetriebnahme | *Reopening*

◄ **Hallesches Tor > Prinzenstraße** (12-03-2007) – A3-Zug auf der 1902 erbauten Hochbahnstrecke entlang der Gitschiner Straße in Kreuzberg
– *A3 train on the viaduct along Gitschiner Straße in Kreuzberg built in 1902*

letzten offiziellen Planungen würde die Strecke vom Adenauerplatz Richtung Messe und Theodor-Heuss-Platz weiterführen.
Dieser Abschnitt wäre langfristig Teil einer Durchmesserlinie,
die vom Wittenbergplatz über Potsdamer Platz (wo in den
1990er Jahren ein U-Bahnhof als Bauvorleistung quer über
dem 2006 eröffneten unterirdischen Regionalbahnhof gebaut
wurde), Alexanderplatz (wo neben der U5 bereits seit 1930 die
nötigen Gleise liegen) und S-Bahnhof Greifswalder Straße nach
Weißensee weiterführen sollte. Diese Achse war jedoch in den
1960er Jahren auch als nördlicher Ast der sog. Linie 10 entlang
der Potsdamer Straße nach Steglitz vorgesehen. Am östlichen
Ende der U1 wird hoffentlich eines Tages eine einst geplante
Verlängerung von Warschauer Straße bis Frankfurter Tor verwirklicht, um diese Linie auch mit der U5 zu verbinden.

Bis 1966 trug die Kreuzberger Strecke die Bezeichnung B,
die Züge fuhren vom Nollendorfplatz weiter zur Uhlandstraße,
bis 1950 aber auch direkt zum Innsbrucker Platz. Während
die Linie 1 in der geteilten Stadt vom Schlesischen Tor nach
Ruhleben verkehrte und ihr 1986 vom Grips-Theater sogar ein
eigenes Musical gewidmet wurde, pendelte zwischen Wittenbergplatz und Uhlandstraße die Linie 3. Von 1993 bis 2004 ging
es dann von Kreuzberg mit der U1 nach Krumme Lanke, während der Ast zur Uhlandstraße von der Zweiglinie U15 bedient
wurde. 1995 konnte auch die Verbindung über die Oberbaumbrücke, die seit dem Bau der Berliner Mauer 1961 unterbrochen
war, wieder in Betrieb genommen werden.

Uhlandstraße (15-04-2013) – seit 1913 Endstation unter dem Kurfürstendamm
– *Lying below Kurfürstendamm, it has been the terminus since 1913.*

dreieck opened in 1912. The 'relief line' between Gleisdreieck
and Wittenbergplatz via Kurfürstenstraße and Nollendorfplatz, however, only opened in 1926. West of Gleisdreieck,
the U-Bahn disappears into an elevated 'tunnel', an encased
ramp that runs across Dennewitzstraße before actually going
underground in the backyards of the houses between Kurfürstenstraße and Pohlstraße. A 2-level underground station
shared by lines U1/U3 and the 'Schöneberg U-Bahn' (U4)
opened at Nollendorfplatz in 1926. From Wittenbergplatz,
line U1 continues west along Kurfürstendamm and terminates at Uhlandstraße. An extension along Kurfürstendamm
to Halensee and Grunewald has always been planned, but
nothing has come of it so far. During the construction of line
U7, a station shell was built for this extension at Adenauerplatz. According to more recent plans, the line would
continue from Adenauerplatz towards Theodor-Heuss-Platz,
serving the trade fair grounds. This would actually be part of
a long cross-city line that would continue from Wittenbergplatz to Weißensee, via Potsdamer Platz (where a full station
was built during the 1990s, lying perpendicularly above the
underground railway station opened in 2006), Alexanderplatz
(where tracks have been available next to the U5 tracks since
1930), and S-Bahn station Greifswalder Straße. During the
1960s, this route was part of a planned line 10, which was to
run south from Potsdamer Platz to Steglitz. From the present
eastern terminus Warschauer Straße, line U1 may hopefully
one day be extended to Frankfurter Tor to provide transfer to
line U5.

*Until 1966, the main part of line U1 was referred to as
line B, with trains running through from Nollendorfplatz to
Uhlandstraße, and until 1950, also to Innsbrucker Platz. In
the divided city, 'Linie 1' operated between Schlesisches Tor
and Ruhleben; this route became well known in 1986 through
a musical which the Grips-Theater, a popular Berlin theatre*

①

②

company, dedicated to it. The short stretch between Wittenbergplatz and Uhlandstraße was served then by a shuttle train labelled 'Linie 3'. From 1993 to 2004, line U1 operated from Schlesisches Tor to Krumme Lanke, the branch to Uhlandstraße then being served by line U15 from Schlesisches Tor. In 1995, cross-river service on the rebuilt Oberbaumbrücke was resumed, after having been stopped in 1961.

① **Wittenbergplatz** (19-11-2013)
– prächtigstes Eingangsgebäude der Berliner U-Bahn, erbaut von Alfred Grenander 1913 anlässlich der Erweiterung der U-Bahn Richtung Kurfürstendamm und Wilmersdorf.
– *The most outstanding entrance building on the Berlin U-Bahn, designed by Alfred Grenander, dates from 1913, when the U-Bahn was extended to Kurfürstendamm and Wilmersdorf.*

② **Schlesisches Tor > Warschauer Straße** (12-03-2007)
– Eine Fahrt auf der Hochbahnstrecke über die Oberbaumbrücke war zwischen 1961 und 1995 wegen der Teilung Berlins nicht möglich.
– *Between 1961 and 1995, due to the division of the city, it was not possible to travel on the elevated route over the Oberbaumbrücke.*

③ **Hallesches Tor** (11-09-2011)
– Der Hochbahnhof thront über dem Landwehrkanal, hier mit einem HK-Zug auf der 2011 eingesetzten U12 (U1/U2 Ruhleben – Warschauer Straße).
– *An elevated station, which almost floats above the Landwehrkanal, seen here with an HK train operating on line U12 (U1/U2 Ruhleben – Warschauer Straße) during 2011.*

④ **Schlesisches Tor** (12-03-2007)
– ländlich anmutender Hochbahnhof von 1902; der A3L82-Zug fährt 2007 baustellenbedingt als U12 Richtung Ruhleben.
– *elevated station in country style from 1902; due to construction work, the A3L82 train is heading for Ruhleben (labelled U12).*

Spittelmarkt (28-02-2007) – Die Fenster zur Spree wurden Mitte der 2000er Jahre wieder geöffnet. | *The windows to the River Spree were reopened in the mid-2000s.*

Ⓤ Linie U2 Ruhleben – Pankow

In der Hauptverkehrszeit verkehrt die U2 alle 4 Minuten, sonst tagsüber alle 5 Minuten, wobei jeweils jeder zweite Zug am Theodor-Heuss-Platz endet. Auf dieser Linie kommen alle Kleinprofil-Baureihen zum Einsatz.

Die Linie U2 geht auf die älteste unterirdische Strecke Berlins zurück, welche 1902 zwischen Ernst-Reuter-Platz (damals Knie) und Wittenbergplatz in Betrieb genommen wurde. Zur ersten Stammstrecke gehörte auch der U2-Hochbahnabschnitt vom Nollendorfplatz über Gleisdreieck zum Potsdamer Platz, wo anfangs nur eine provisorische unterirdische Haltestelle neben dem damaligen Potsdamer Bahnhof errichtet wurde. Wenige Jahre später folgte eine unterirdische Verlängerung vom heutigen U-Bahnhof Potsdamer Platz bis Spittelmarkt (1908) und schließlich bis zum S-Bahn-Nordring (1913). 1912 wurde der U-Bahnhof Gleisdreieck an der Verzweigung der drei ursprünglichen Äste eingebaut, so dass hier Richtung Kreuzberg und Warschauer Straße umgestiegen werden musste.

Auf Charlottenburger Seite wurde die Stammstrecke 1906 bis Bismarckstraße (heute Deutsche Oper) und von dort nach Norden zum Wilhelmplatz (heute Richard-Wagner-Platz) verlängert. Zwei Jahre später folgte auch die heutige Strecke zum Theodor-Heuss-Platz (einst Reichskanzlerplatz). Das Stadion wurde von 1913 bis 1922 nur bei Veranstaltungen bedient. Hinter dem U-Bahnhof Olympia-Stadion befindet sich die Hauptwerkstatt für die Züge des Kleinprofilnetzes. Im ehemaligen Stellwerk am Olympia-Stadion ist heute das U-Bahn-Museum untergebracht.

Bis 1966 war die heutige U2 Teil der Linie A, die im Westen mehrere Äste aufwies, nämlich nach Ruhleben bzw. zum Wilhelmplatz sowie nach Krumme Lanke. Der Bau der Mauer, welche die Trasse der U2 südlich des U-Bahnhofs Potsdamer Platz kreuzte, hatte für die wichtige Strecke weitreichende

Ⓤ *Line U2 Ruhleben – Pankow*

During peak hours, line U2 operates every 4 minutes; otherwise, every 5 minutes during normal daytime hours, with every other train terminating at Theodor-Heuss-Platz. All types of small-profile rolling stock are used on this line.

Line U2 includes the first underground section opened in Berlin, that between Ernst-Reuter-Platz (then Knie) and Wittenbergplatz, which dates from 1902. Also part of the

U2

20,7 km (6,2 km oberirdisch | *surface*)
29 Bahnhöfe | *stations*

18-02-1902 Potsdamer Platz [– Möckernbrücke]
11-03-1902 Potsdamer Platz – Zoologischer Garten
14-12-1902 Zoologischer Garten – Ernst-Reuter-Platz
14-05-1906 Ernst-Reuter-Platz – Deutsche Oper [– Wilhelmplatz]
29-03-1908 Deutsche Oper – Theodor-Heuss-Platz
01-10-1908 Potsdamer Platz – Spittelmarkt
03-11-1912 + Gleisdreieck
08-06-1913 Theodor-Heuss-Platz – Olympia-Stadion
01-07-1913 Spittelmarkt – Alexanderplatz
27-07-1913 Alexanderplatz – Schönhauser Allee
20-05-1922 + Neu-Westend
22-12-1929 Olympia-Stadion – Ruhleben
29-06-1930 Schönhauser Allee – Vinetastraße
13-08-1961 [X] Gleisdreieck – Mohrenstraße
31-12-1971 [X] Gleisdreieck – Wittenbergplatz
28-04-1978 + Bismarckstraße
13-11-1993 Wittenbergplatz – Mohrenstraße*
01-10-1998 + Mendelssohn-Bartholdy-Park
16-09-2000 Vinetastraße – Pankow

[X] Schließung | *Closure*   * Wiederinbetriebnahme | *Reopening*

Sophie-Charlotte-Platz (09-02-2008) – 1987 renoviert und mit alten Ansichten von U-Bahnhöfen verziert (im Bild Nollendorfplatz)
– refurbished and decorated with old images of U-Bahn stations (like Nollendorfplatz) in 1987

Folgen. Auf der Ostseite wurde eine separate Linie von Mohrenstraße (damals erst Thälmannplatz, dann Otto-Grotewohl-Straße) bis Vinetastraße eingerichtet. Auf der Westseite fuhren die Züge bis 1972 noch bis Gleisdreieck, dann wurde der Abschnitt Wittenbergplatz – Gleisdreieck wegen der parallelen Linie nach Kreuzberg stillgelegt und die Bahnhöfe Nollendorfplatz und Bülowstraße als Flohmarkt bzw. Basar genutzt; dazwischen pendelte eine historische Straßenbahn. Während die Linie 1 nun von Ruhleben bis Schlesisches Tor verkehrte, trugen die Züge von Wittenbergplatz nach Krumme Lanke die Bezeichnung Linie 2. Nachdem der Abzweig von Deutsche Oper zum Richard-Wagner-Platz (seit 1966 als Linie 5 bezeichnet) wegen des Baus der U7 bereits 1970 geschlossen worden war, wurde 1978 der Umsteigebahnhof Bismarckstraße nur 380 m vom U-Bahnhof Deutsche Oper entfernt eröffnet.

Vom unteren Bahnsteig Gleisdreieck über das brachliegende Areal des Potsdamer Platzes bis zum Kemperplatz an der Philharmonie wurde ab 1984 eine Teststrecke für die M-Bahn (vollautomatische Magnetbahn) errichtet. Kurz nach dem Beginn des regelmäßigen Fahrgastbetriebs im Juli 1991 wurde die M-Bahn jedoch wieder abgebaut, denn mittlerweile war die Berliner Mauer gefallen und der Wiederaufbau der durchgehenden U2 als vorrangig eingestuft worden. Seit 1993 fährt die U2 nun von Ruhleben bis Vinetastraße, seit 2000 sogar auf der einzigen Kleinprofilneubaustrecke nach 1930 bis zum S-Bahnhof Pankow. 1998 war der Hochbahnhof Mendelssohn-Bartholdy-Park auf der wiedererrichteten Strecke in Betrieb genommen worden, um das Neubaugebiet südlich des Potsdamer Platzes besser zu erschließen.

Die U2 stellt heute eine wichtige Ost-West-Verbindung dar. Wegen der kurvenreichen Trassierung und der teilweise sehr kurzen Stationsabstände (Mohrenstraße – Stadtmitte – Hausvogteiplatz jeweils nur 380 m) ist ihre Reisegeschwindigkeit vor allem im Stadtzentrum sehr gering. Auf der fast 21 km langen Strecke liegen drei Abschnitte im Freien, was die U2 zu einer der interessantesten Berliner U-Bahn-Linien macht. Die unterirdischen Abschnitte liegen fast durchweg in einfacher Tiefenlage. Bemerkenswert ist die Überquerung des S-Bahn-Rings zwischen Sophie-Charlotte-Platz und Kaiserdamm, wo die U-Bahn im Untergeschoss der Straßenbrücke über die im Trog verlaufende S-Bahn fährt.

Einst war geplant, die U2 von Ruhleben über das Spandauer Zentrum bis zum Falkenhagener Feld am westlichen Stadtrand zu verlängern. Dazu wurde der 1984 eröffnete U-Bahnhof Rathaus Spandau der U7 großzügig auch mit Gleiströgen für die U2 gebaut. Am anderen Ende sollte die U2 eigentlich statt bis zum S-Bahnhof Pankow bis Pankow Kirche oder auch darüber hinaus bis Niederschönhausen verlängert werden.

1902 route was the elevated U2 section from Nollendorfplatz via Gleisdreieck to Potsdamer Platz, where a temporary underground station was built adjacent to the former mainline station Potsdamer Bahnhof. A few years later, the U-Bahn line was extended from the permanent Potsdamer Platz station to Spittelmarkt (1908) and the northern S-Bahn ring (1913). In 1912, Gleisdreieck station was added at the former triangular junction, which meant that passengers to and from Warschauer Straße had to change trains.

At the Charlottenburg end, the original route was extended to Bismarckstraße (now Deutsche Oper) in 1906, and from there northwards to Wilhelmplatz (now Richard-Wagner-Platz). Today's U2 section to Theodor-Heuss-Platz (then Reichskanzlerplatz) followed two years later. From 1913 until 1922, the station at today's Olympic Stadium was only served during major events. Beyond Olympia-Stadion station, the depot and maintenance yard for the small-profile rolling stock are located. The former signal box at Olympia-Stadion is now home to the U-Bahn Museum.

Until 1966, the present line U2 was part of line A, which had western branches to Ruhleben, Wilhelmplatz and Krumme Lanke. The erection of the Wall, which severed the U2 alignment south of Potsdamer Platz station, had serious consequences for this line. On the eastern side, a new line was established between Mohrenstraße (then Thälmannplatz and later Otto-Grotewohl-Straße) and Vinetastraße. On the western side, trains terminated at Gleisdreieck until 1972, then the section Wittenbergplatz – Gleisdreieck was closed due to the parallel line to Schlesisches Tor, and the intermediate stations Nollendorfplatz and Bülowstraße were used as a flea-market and bazaar, respectively, with a vintage tram operating between them. So while the trains from Ruhleben to Schlesisches Tor were labelled 'Linie 1', the route from Wittenbergplatz to Krumme Lanke became 'Linie 2'. With the short branch from Deutsche Oper to Richard-Wagner-Platz (designated 'Linie 5' in 1966) having been closed in 1970 to allow for the construction of line U7, a new transfer station opened in 1978 on the present U2 at Bismarckstraße, only 380 m from Deutsche Oper.

Running from the lower platform at Gleisdreieck, across the wasteland in the Potsdamer Platz area, and on to Kemperplatz near the Philharmonie, a test track was erected in 1984 for the 'M-Bahn', a fully automatic magnetically-driven railway. Shortly after regular passenger service had been launched in July 1991, the M-Bahn was dismantled to allow for the reconstruction of line U2, as the Berlin Wall had now gone. Since 1993, line U2 has been running from Ruhleben to Vinetastraße, and finally, since 2000, also to Pankow S-Bahn station – the first and only new small-profile section built since 1930. In 1998, a new station was added at Mendelssohn-Bartholdy-Park to improve access to the development area south of Potsdamer Platz.

The present U2 is an important east-west link. Due to its winding alignment and some very close stations (Mohrenstraße – Stadtmitte, and Stadtmitte – Hausvogteiplatz are each only 380 m apart), its travel speed through the city centre is rather low. Along its 21 km route there are three sections in the open air, making it one of the most interesting lines in Berlin. Most underground sections run just below street level. Worth mentioning is the section between Sophie-Charlotte-Platz and Kaiserdamm, where line U2 crosses above the S-Bahn circle line on the lower deck of a road bridge.

There were plans to extend line U2 from Ruhleben to Falkenhagener Feld via the Spandau town centre. For this purpose, Rathaus Spandau station on line U7 was built large enough to accommodate the U2 tracks, too. At the opposite end, line U2 was actually planned to terminate at Pankow Kirche instead of Pankow S-Bahn, and for many decades, a further extension to Niederschönhausen, has even been on the table.

① **Schönhauser Allee > Eberswalder Str.** (Gleim-/Stargarder Str.; 20-12-2010)
– A3-Zug auf der Hochbahnstrecke von 1913 entlang der Schönhauser
Allee; der Viadukt wurde in den letzten Jahren Abschnitt für Abschnitt
grundlegend saniert.
– *elevated route from 1913 along Schönhauser Allee; in recent years, the
viaduct has been completely renovated in various stages.*

② **Märkisches Museum** (02-05-2009)
– renovierter Eingang zum U-Bahnhof von 1913, das namensgebende
Museum ist im Hintergrund zu sehen.
– *restored entrance to the 1913 underground station, with the museum of
the same name visible in the background.*

③ **Deutsche Oper** (23-02-2007)
– nach einem Brand im Jahr 2000 wieder in seiner ursprünglichen Jugend-
stil-Pracht hergestellt; bis 1970 Verzweigungsbahnhof für den kurzen Ast
zum Richard-Wagner-Platz, heute sind die mittleren Gleise ungenutzt.
– *after a fire in 2000, renovated to its original art nouveau style; with
a short branch diverging to Richard-Wagner-Platz until 1970, the inner
tracks are now out of use.*

④ **Wittenbergplatz** (20-03-2008)
– seit dem Umbau von einem zwei- in einen fünfgleisigen U-Bahnhof im Jahr
1913 kann man hier am selben Bahnsteig von der U2 in die U1/U3 (außer
U1 nach Osten) umsteigen.
– *with the underground station having been rebuilt from a two-track into
a five-track station in 1913, cross-platform interchange is now possible
between lines U2 and U1/U3 (except U1 eastbound).*

ⓤ Linie U3 Nollendorfplatz – Krumme Lanke

Die U3 fährt tagsüber alle 5 Minuten, die Züge sind trotz der relativ dünnen Besiedlung in Dahlem während der Vorlesungs-zeiten durch die Studenten der Freien Universität gut ausge-lastet. Zwischen Wittenbergplatz und Nollendorfplatz verkehrt die U3 auf den Gleisen der U1, wobei sie am Wittenbergplatz Richtung Osten an einem eigenen Bahnsteig hält, wo man gegenüber zur U2 umsteigen kann. Am Nollendorfplatz enden die Züge auf dem Gleis der U1, fahren dann aber vom lange ungenutzten zweiten Gleis auf der unteren Ebene, das für die U4 vorgesehen war, ab. Wie auf der U1 sind auf der U3 in der Regel Fahrzeuge der Baureihe A3E/A3L im Einsatz, hier meist als 6-Wagen-Züge.

Die heutige U3 besteht aus der ,Wilmersdorf-Dahlemer Schnellbahn', die 1913 als Abzweig der Stammstrecke von 1902 durch die damals noch unabhängige Stadt Wilmersdorf unterirdisch und durch die benachbarte Domäne Dahlem im offenen Einschnitt gebaut wurde. Zwischen Fehrbelliner Platz und Heidelberger Platz quert die U3 dabei im Bereich des Wil-mersdorfer Stadtparks eine Talmulde, wobei der U-Bahn-Tunnel im Untergeschoss einer Straßenbrücke liegt.

Die Dahlemer Strecke wurde 1929 bis zu ihrem heutigen Endpunkt Krumme Lanke verlängert. Im Zuge des Baus der U9 wurde 1959 die Station Nürnberger Platz geschlossen und etwa 200 m weiter südwestlich durch die neue Umsteigestation Spi-chernstraße ersetzt. Wegen der dadurch entstandenen großen Entfernung zum Wittenbergplatz wurde 1961 der U-Bahnhof Augsburger Straße in die bestehende Strecke eingefügt.

Der Ast nach Krumme Lanke wurde bis in die 1950er Jahre meist als Linie AⅡ bezeichnet, wobei die Linienführung östlich des Wittenbergplatzes von Zeit zu Zeit geändert wurde. Ab 1966 fuhr auf dieser Strecke die Linie 2, ab 1993 dann die U1 und schließlich seit 2004 die U3.

ⓤ Line U3 Nollendorfplatz – Krumme Lanke

The U3 operates every 5 minutes, and although Dahlem is a sparsely populated area, trains often get crowded during semester time because of the nearby Freie Universität. Between Wittenbergplatz and Nollendorfplatz, line U3 shares tracks with line U1. At Wittenbergplatz, it has its own track in the eastbound direction, where cross-platform interchange is provided to line U2. At Nollendorfplatz, trains terminate on the U1 track, but for departure, they use the long unused track on the lower level, which was actually built for line U4. Like line U1, line U3 is normally operated with A3E/A3L stock, mostly in 6-car formation.

The present U3 is almost identical to the old 'Wilmers-dorf-Dahlemer Schnellbahn', a branch opened in 1913. It runs underground through the formerly independent city of Wilmersdorf, and in a cutting through the Dahlem estate. In the area of Wilmersdorf Park, between Fehrbelliner Platz and Heidelberger Platz, line U3 crosses a small valley on the lower deck of a road bridge.

U3

12,2 km (5 km oberirdisch | *surface*)
(0,8 km gemeinsam mit U1 | *shared with U1*)
15 Bahnhöfe | *stations*

12-10-1913 Wittenbergplatz – Thielplatz
24-10-1926 Wittenbergplatz – Nollendorfplatz [– Gleisdreieck]
22-12-1929 Thielplatz – Krumme Lanke
        1959 [X] Nürnberger Platz
02-06-1959 + Spichernstraße
08-05-1961 + Augsburger Straße

[X] Schließung | *Closure*

②

Der 200-km-Plan sieht eine Verlängerung von Krumme Lanke zum Mexikoplatz vor, um eine weitere Umsteigemöglichkeit zwischen U-Bahn und S-Bahn zu schaffen. Die ursprünglich geplante Erweiterung bis Düppel wurde mittlerweile aus den Planungen gestrichen.

① **Thielplatz** > **Oskar-Helene-Heim** (Ihnestraße; 30-12-2010)
  – A3-Zug stadteinwärts
  – *inbound A3 train*
② **Heidelberger Platz** (11-04-2013)
  – Kathedrale der Berliner U-Bahn
  – *cathedral-like underground station*
③ **Thielplatz** (22-05-2007)
  – Westzugang von 1980, beliebt bei Studenten der Freien Universität
  – *western access from 1980, popular with students of the Freie Universität*
④ **Rüdesheimer Platz** (10-02-2008)
  – kürzlich renoviert, Wandbilder aus den 1980er Jahren
  – *recently refurbished, with wall paintings from the 1980s*

The Dahlem line was extended to its present terminus Krumme Lanke in 1929. To provide transfer to the new line U9, the former station Nürnberger Platz was replaced by Spichernstraße station some 200 m further southwest in 1959. Due to the long distance from Wittenbergplatz, a new station called Augsburger Straße was added to this section in 1961.

Until the 1950s, the branch to Krumme Lanke was mostly assigned the number A II, with the line's destination east of Wittenbergplatz changing from time to time. From 1966, the Krumme Lanke branch was served by 'Linie 2', in 1993 it became line U1, and since 2004 it has been line U3.

The 200 km master plan includes an extension from Krumme Lanke to Mexikoplatz, where an interchange with the S-Bahn could be established. A further extension to Düppel is no longer being pursued.

③

④

❶

Ⓤ Linie U4 Nollendorfplatz – Innsbrucker Platz

Auf der U4 sind derzeit meist nur 2-Wagen-Züge der Baureihe A3 im Einsatz. Diese verkehren tagsüber alle 10 Minuten, in der Hauptverkehrszeit alle 5 Minuten. Anders als bei den übrigen Linien wird auf der U4 kein Wochenendnachtverkehr angeboten.

Die heutige Linie U4 hat sich im Laufe ihrer 100-jährigen Geschichte kaum verändert. Sie wurde als unabhängige Linie von der einst selbständigen und wohlhabenden Stadt Schöneberg nach den Parametern der ersten Berliner U-Bahn-Strecke gebaut, jedoch von Anfang an von der ‚Hochbahngesellschaft‘ betrieben. Die U4 verläuft nicht entlang der Schöneberger Hauptstraße, sondern weiter westlich, wo neue Wohngebiete erschlossen werden sollten. Bis 1926, als für die ‚Entlastungsstrecke‘ am Nollendorfplatz ein neuer unterirdischer Bahnhof für die heutigen Linien U1/U3 und U4 gebaut wurde, war die ‚Schöneberger U-Bahn‘ nicht mit dem Berliner Hochbahnnetz verbunden, sondern endete in einem unterirdischen Bahnhof auf der Südseite des Hochbahnhofs. Am südlichen Ende der Linie gab es deshalb einen eigenen Betriebshof. Zeitweise fuhren die Züge später vom Innsbrucker Platz über Nollendorfplatz weiter Richtung Warschauer Straße.

In den 1980er Jahren wurde die U4 versuchsweise vollautomatisch mit SELTRAC-Technik betrieben.

Trotz verschiedenster Pläne für Verlängerungen an beiden Enden wurde die U4 seit ihrer Inbetriebnahme 1910 nie erweitert. Langfristig könnte sie im Norden um eine Station zum Magdeburger Platz (Genthiner Straße) verlängert werden, wo ein Umsteigebahnhof zur Linie Kurfürstendamm – Weißensee vorgesehen ist (siehe U1). Der dafür notwendige Streckentunnel ist weitgehend vorhanden und wird derzeit als Abstellanlage genutzt.

Ⓤ *Line U4 Nollendorfplatz – Innsbrucker Platz*

Line U4 is mostly operated with 2-car trains of A3 stock. During normal daytime service, they operate every 10 minutes, and during peak hours, every 5 minutes. Unlike the other U-Bahn lines, there is no night service at weekends.

Line U4 has only been slightly modified in the course of its 100-year history. It was built by the once independent and wealthy city of Schöneberg as a separate line, though following the parameters applied for the first Berlin U-Bahn route. It was, however, also operated by the Berlin ‘Hochbahngesellschaft’. Line U4 does not follow Schöneberg's main street (Hauptstraße), but was instead aligned further west to serve new neighbourhoods. In 1926, a new underground station, designed to be shared by today's U1/U3 and U4, was built at Nollendorfplatz for the so-called ‘relief line’. Prior to that, the Schöneberg line was not physically connected to the Berlin lines, and had its own depot at the line's southern end. At the northern end, it terminated underground at the southern side of the Nollendorfplatz elevated station. The new station allowed trains to continue from Nollendorfplatz towards Warschauer Straße, which they did for several years.

During the 1980s, line U4 was used for tests on automatic operation using SELTRAC technology.

Despite various plans for extensions at either end, line U4 has never been extended since it first opened in 1910. In the long term, it may be extended northwards by one station to Magdeburger Platz (Genthiner Straße), where an interchange would be built for the line from Kurfürstendamm to Weißensee (see U1). Most of the required running tunnel already exists and is now used for stabling trains.

① ③ **Rathaus Schöneberg** (10-04-2013; 05-04-2002)
– beidseitig verglaster U-Bahnhof mit Blick in den Stadtpark
– *underground station with large windows and view of the park*
② **Viktoria-Luise-Platz** (12-03-2007) – Südzugang von 1910
– *southern entrance dating from 1910*
④ **Innsbrucker Pl.** (15-06-2010) – südliche Endstation mit Übergang zur S-Bahn
– *southern terminus with transfer to the S-Bahn*
⑤ **Nollendorfplatz** (21-11-2011) – die kurzen Züge der U4 benutzen nur die obere
Ebene, wo man bahnsteiggleich Richtung Warschauer Straße umsteigen kann.
– *the short U4 trains only use the upper level, providing cross-platform
interchange with trains to Warschauer Straße.*

U4

2,9 km
5 Bahnhöfe | *stations*

01-12-1910 Nollendorfplatz – Innsbrucker Platz

①

U Linie U5 Hauptbahnhof – Alexanderplatz – Hönow

Die U5 verkehrt tagsüber durchgehend im 5-Minuten-Takt, wobei außerhalb der Hauptverkehrszeiten jeder zweite Zug in Kaulsdorf-Nord endet. Wie auf allen anderen Großprofillinien kommen hier alle Großprofilfahrzeuge zum Einsatz, F-Züge genauso wie H-Züge. Die U55 fährt nur alle 10 Minuten.

Der Bau der U5 begann 1927. Sie wurde 1930 als Linie E entlang der Frankfurter Allee vom Alexanderplatz bis Friedrichsfelde eröffnet (7 km) und erschloss somit die dicht besiedelten Bezirke Friedrichshain und Lichtenberg. Anders als bei der ersten Großprofillinie, der heutigen U6, wurden die Stationen (außer Friedrichsfelde) nicht mehr in einfacher Tiefenlage gebaut, sondern in eineinhalbfacher, wodurch an beiden Enden Zwischengeschosse errichtet und die Ausgänge an die Straßenränder verlegt werden konnten. Außerdem entstanden dadurch an den meisten Stationen wesentlich höhere Bahnsteighallen. Die Bahnsteiglängen wurden mit mindestens 120 m festgelegt. Die U5 blieb jahrzehntelang unverändert. Nach dem Bau der Berliner Mauer 1961 war sie abgesehen von den ohne Halt durchfahrenden Linien U6 und U8 die einzige Großprofillinie auf Ost-Berliner Gebiet. 1973 kam eine kurze Verlängerung bis Tierpark hinzu, wo eine direkte Umsteigestation zur Straßenbahn entlang der Achse Rhinstraße/Treskowallee geschaffen wurde. Geplant war damals, die U5 weiter in südlicher Richtung nach Karlshorst und Oberschöneweide zu verlängern.

In den 1970er und 1980er Jahren entstanden am östlichen Stadtrand in Marzahn und Hellersdorf große Wohnsiedlungen, die vorwiegend mit der S-Bahn angeschlossen werden sollten. Erst als man merkte, dass die Stadtbahnstrecke der S-Bahn keine weiteren Linien mehr aufnehmen konnte, beschloss man, stattdessen die U5 oberirdisch Richtung Hellersdorf zu verlängern. Dabei entstand in Wuhletal ein Umsteigebahnhof zwischen S-Bahn und U-Bahn, wobei die S5 und die U5 im Richtungsbetrieb am selben Bahnsteig halten. Die Strecke nach

U *Line U5 Hauptbahnhof – Alexanderplatz – Hönow*

Line U5 operates every five minutes throughout the day, with every other train terminating at Kaulsdorf-Nord during off-peak hours. Like the other large-profile lines, it is served by every type of large-profile rolling stock, F as well as H. Line U55 operates only every 10 minutes.

The construction of line U5 began in 1927. It opened in 1930 as line E from Alexanderplatz to Friedrichsfelde (7 km), running along Frankfurter Allee through the densely populated districts of Friedrichshain and Lichtenberg. Unlike the first large-profile line, today's U6, the stations (except Friedrichsfelde) were no longer built just below street level, but with a mezzanine, which meant that most exits were able to be placed on the pavements. This also results in high station halls in most cases, and platforms at least 120 m long. For many decades line U5 remained unchanged. After the construction of the Berlin Wall in 1961, it was the only large-profile line left in East Berlin, except for lines U6 and U8, which passed through eastern territory without stopping. In 1973, a 1-station extension reached Tierpark, where an interchange with the tram lines along Rhinstraße/Treskowallee was established. At the time, there were plans to extend the line south to Karlshorst and Oberschöneweide.

U5 | U55

18,4 km (9,4 km oberirdisch | *surface*)
+ U55: 1,5 km (+ 2,2 km im Bau | *under construction*)
23 Bahnhöfe | *stations* (+ 3 im Bau | *under construction*)

21-12-1930 Alexanderplatz – Friedrichsfelde
25-06-1973 Friedrichsfelde – Tierpark
01-07-1988 Tierpark – Elsterwerdaer Platz
01-07-1989 Elsterwerdaer Platz – Hönow
08-08-2009 Hauptbahnhof – Brandenburger Tor (U55)

① **Brandenburger Tor** (18-08-2009)
– Berlins neuester U-Bahnhof bleibt vorerst Endstation für die U55, bis die Strecke zum Alexanderplatz gegen Ende des Jahrzehnts fertiggestellt ist.
– *Berlin's newest underground station will remain the terminus of line U55 until the section to Alexanderplatz will be completed by the end of the decade.*

② **Louis-Lewin-Straße** (08-09-2009)
– Ostzugang in der Großsiedlung Hellersdorf
– *eastern entrance in the large housing estate of Hellersdorf*

③ **Frankfurter Allee** (11-04-2009)
– östlicher Ausgang; hier kreuzen die Straßenbahnlinien M13 und 16 entlang der Möllendorf-/Gürtelstraße.
– *eastern exit, with tram lines M13 and 16 running along Möllendorfstraße/ Gürtelstraße.*

Hönow wurde 1989 wenige Monate vor dem Fall der Berliner Mauer vollendet. Während in Ost-Berlin weder für die S-Bahn noch für die U-Bahn auf den Netzplänen Liniennummern verwendet wurden, erschien bereits 1990 die Bezeichnung U5 auf dem Netzplan der wiedervereinten Stadt. Von 1966 bis 1970 war in West-Berlin die kurze Strecke von Deutsche Oper bis Richard-Wagner-Platz als Linie 5 bezeichnet worden.

Von Anfang an war geplant, die ehemalige Linie E vom Alexanderplatz Richtung Westen zu verlängern. Als Bestandteil des 200-km-Plans wurden dafür auch im Laufe der Jahre verschiedene Vorleistungen getätigt, z.B. am U-Bahnhof Turmstraße der U9 sowie am U-Bahnhof Jungfernheide der U7, wo der voll ausgebaute Teil der U5 für die Fahrgäste heute sichtbar ist. Als westlicher Endpunkt war zuletzt der Flughafen Tegel vorgesehen, der jedoch mit Eröffnung des neuen Großflughafens BER geschlossen werden soll.

Im Hauptstadtvertrag von 1992 wurde die Verlängerung der U5 vom Alexanderplatz über das neue Regierungsviertel zum neuen Hauptbahnhof festgelegt. Zwischen Bundestag und Brandenburger Tor wurden in den 1990er Jahren die beiden Streckentunnel im Schildvortrieb errichtet, die U-Bahnhöfe Hauptbahnhof und Bundestag wurden in offener Bauweise als großzügige Hallen gebaut. Anfang der 2000er Jahre wurde der U-Bahnhof Brandenburger Tor direkt nördlich des S-Bahnhofs, der früher Unter den Linden hieß, in geschlossener Bauweise durch Vereisung des Bodens erstellt. Seit Sommer 2009 findet nun zwischen Hauptbahnhof und Brandenburger Tor ein eingleisiger Pendelverkehr als U55 statt. Aus finanziellen Gründen wurde der Bau des Abschnitts Brandenburger Tor – Alexanderplatz, für den der Schildvortrieb vorgesehen war, wiederholt verschoben, bis Leitungsverlegungsarbeiten sowie vorbereitende archäologische Ausgrabungen im Jahr 2011 begannen. Der tatsächliche Baubeginn fand im April 2012 statt. Am Kreuzungspunkt mit der U6 entsteht ein neuer Umsteigeknoten Unter den Linden, der die bestehende Station Französische Straße auf der U6 ersetzt. Als Zwischenbahnhöfe werden Museumsinsel und Berliner Rathaus gebaut. Derzeit rechnet man mit einem durchgehenden Verkehr von Hönow zum Hauptbahnhof im Jahr 2019!

During the 1970s and 1980s, large housing estates were built on the eastern outskirts of the city in Marzahn and Hellersdorf. These were to be connected by new S-Bahn routes, but when it became obvious that the Stadtbahn trunk route could not take any more lines, a surface U5 extension was built towards Hellersdorf instead. This extension includes a cross-platform interchange between lines U5 and S5 at Wuhletal. The route to Hönow was completed a few months before the collapse of the Berlin Wall in 1989. While East Berlin had not used line numbers, neither for the S-Bahn nor for the U-Bahn, the number 'U5' appeared on unified network maps in as early as 1990. From 1966 until 1970, the number 5 had been used for the shuttle service between Deutsche Oper and Richard-Wagner-Platz.

A western extension from Alexanderplatz had been planned from the very beginning. As this was also included in the 200 km master plan, several provisions were made in the last decades, e.g. at Turmstraße (U9) and Jungfernheide (U7), where the completely built U5 platforms are visible to passengers. The western terminus was envisaged at Tegel Airport, which is set to close when the new BER Airport opens.

The extension of line U5 from Alexanderplatz to the new central railway station (Hauptbahnhof) via the government quarter was part of the 1992 deal to bring government institutions back from Bonn to Berlin. The running tunnels between Bundestag and Brandenburger Tor were excavated during the 1990s with tunnel boring machines, and large stations were built by cut-and-cover at Hauptbahnhof and Bundestag. The early 2000s saw the construction of Brandenburger Tor station at the northern side of the existing S-Bahn station (previously known as Unter den Linden). Once the soil had been frozen, the station hall was excavated using the NATM (New Austrian Tunnelling Method). Eventually in summer 2009, a single-track shuttle service labelled U55 was launched between Hauptbahnhof and Brandenburger Tor. Due to financial problems, the missing section between Alexanderplatz and Brandenburger Tor has been delayed time and again, until utility relocation and archaeological pre-excavation work began in 2011, while full construction was eventually launched in April 2012. To provide transfer to line U6, a new interchange station called Unter den Linden will replace Französische Straße station on line U6. Intermediate stations will be located at Museumsinsel and Berliner Rathaus [City Hall]. Through operation from Hönow to Hauptbahnhof is now scheduled to begin in 2019!

① **Alexanderplatz** (04-02-2007)
– Hier endet die U5 seit ihrer Inbetriebnahme 1930, was sich nun hoffentlich ca. 90 Jahre später ändern wird. Der 2003 grundsanierte U-Bahnhof wurde seinerzeit großzügig für zwei Linien gebaut.
– *this has been the terminus of line U5 ever since it opened in 1930, but hopefully this will change some 90 years later! Completely refurbished in 2003, this spacious station was originally designed to accommodate two lines.*

② **Neue Grottkauer Straße** (08-09-2009)
– typischer oberirdischer Bahnhof auf der ursprünglich als S-Bahn gedachten Strecke nach Hellersdorf
– *typical surface station on the route to Hellersdorf initially meant to become an S-Bahn branch*

③ **Elsterwerdaer Platz > Wuhletal** (08-09-2009)
– H-Zug in Dammlage kurz vor Überqueren der Straße Alt-Biesdorf
– *H train on an embankment shortly before crossing Alt-Biesdorf road.*

④ **Tierpark** (03-02-2007)
– neben dem S-Bahnhof Halle-Neustadt der einzige unterirdische Bahnhof, der in der DDR gebaut wurde.
– *besides the S-Bahn station Halle-Neustadt, the only underground station built in the former GDR.*

❶

Ⓤ Linie U6 Alt-Tegel – Alt-Mariendorf

Auf der U6 herrscht ganztags ein 5-Minuten-Takt. Diese Linie war Berlins erste Großprofillinie. Ihr Bau hatte bereits 1912 begonnen, er wurde aber bald durch den 1. Weltkrieg unterbrochen, so dass das erste Teilstück durch die Innenstadt entlang der Friedrichstraße erst 1923 in Betrieb genommen werden konnte. Die U6 war die erste Strecke, die nicht von der ‚Hochbahngesellschaft' gebaut und betrieben werden sollte, sondern es handelte sich um die erste stadteigene Strecke. Sie wurde anfangs als ‚Nord-Süd-Bahn' bezeichnet, ab 1928 dann als Linie C.

Ähnlich wie bei den Kleinprofilstrecken liegen die Bahnhöfe des ursprünglichen Abschnitts größtenteils in einfacher Tiefenlage, die Ausgänge sind meist mit zwei Treppen hintereinander in Straßenmitte angeordnet. Lediglich die U-Bahnhöfe Friedrichstraße und Hallesches Tor wurden wegen der nahen Spreebzw. Landwehrkanalunterquerung in größerer Tiefe angelegt. Wegen der größeren Wagenbreite von 2,65 m statt bislang 2,30 m ging man davon aus, dass eine Bahnsteiglänge von 80 m ausreichen würde.

Im Süden verzweigte sich die Linie C ursprünglich am Mehringdamm (früher Belle-Alliance-Straße) in einen Ast Richtung Neukölln (seit 1966 Teil der U7) und einen Ast Richtung Tempelhof.

Die U6 war die erste Linie, die nach dem 2. Weltkrieg verlängert wurde. Die Bauarbeiten in der Müllerstraße im Bezirk Wedding begannen 1953. In zwei Etappen erreichte die U6 bis 1958 Tegel. Zwischen Kurt-Schumacher-Platz und Borsigwerke findet man neben der U5 nach Hönow die einzige oberirdische Strecke des Großprofilnetzes. In den 1960er Jahren kam die südliche Verlängerung von Tempelhof nach Alt-Mariendorf hinzu. Auf diesem Abschnitt ist erwähnenswert, dass der

Ⓤ *Line U6 Alt-Tegel — Alt-Mariendorf*

On line U6, a 5-minute service is provided throughout the day. Being Berlin's first large-profile U-Bahn line, its construction began in 1912 but was suspended due to World War I. As a result, the first section along Friedrichstraße through the city centre only opened in 1923. Line U6 was the first not to be built by the private 'Hochbahngesellschaft', but by the city government itself. It was initially referred to as the 'Nord-Süd-Bahn' [north-south line], before becoming line C in 1928.

Much like with the small-profile lines, most stations along the initial section were built just below street level, accessible at either end via two flights of stairs located one behind the other in the middle of the street. Only Friedrichstraße

U6

19,9 km (2,9 km oberirdisch | *surface*)
29 Bahnhöfe | *stations*

30-01-1923 Hallesches Tor – Zinnowitzer Straße
08-03-1923 Zinnowitzer Straße – Seestraße
19-04-1924 Hallesches Tor – Mehringdamm [– Gneisenaustraße]
14-02-1926 Mehringdamm – Platz der Luftbrücke
10-09-1927 Platz der Luftbrücke – Paradestraße
22-12-1929 Paradestraße – Tempelhof
03-05-1956 Seestraße – Kurt-Schumacher-Platz
31-05-1958 Kurt-Schumacher-Platz – Alt-Tegel
13-08-1961 [X] Schwartzkopffstraße, Zinnowitzer Straße, Oranienburger Tor, Französische Straße, Stadtmitte
28-02-1966 Tempelhof – Alt-Mariendorf
01-07-1990 + Schwartzkopffstraße, Zinnowitzer Straße, Oranienburger Tor, Französische Straße, Stadtmitte*

[X] Schließung | *Closure*   * Wiederinbetriebnahme | *Reopening*

❷

① **Oranienburger Tor** (16-03-2012)
  – Die U-Bahnhöfe der ursprünglichen „Nord-Süd-Bahn" haben einen einheit-
  lichen Stil, jedoch wählte Architekt Alfred Grenander für jede Station eine ein-
  deutige Kennfarbe und eine unterschiedliche Deckenstruktur. Oranienburger
  Tor war von 1961 bis 1990 einer von fünf Geisterbahnhöfen auf der U6.
  – *All the stations on the original "Nord-Süd-Bahn" have a similar design,
  with architect Alfred Grenander having assigned a clearly defined colour
  and a distinctive ceiling to each of them. Between 1961 and 1990,
  Oranienburger Tor was one of five ghost stations on line U6.*

② **Tempelhof** (28-02-2007)
  – von 1929 bis 1966 südlicher Endpunkt mit Übergang zur Ringbahn
  – *southern terminus from 1929 to 1966, with interchange to the S-Bahn
  ring line*

Teltowkanal am U-Bahnhof Ullsteinstraße im Untergeschoss
einer Straßenbrücke überquert wird. Die verschiedensten
Netzausbaupläne der vergangenen Jahrzehnte sehen für die
U6 keinerlei Verlängerungen vor.

Mit dem Bau der Berliner Mauer wurden fünf der Stationen
von 1923 im Stadtzentrum (Schwartzkopffstraße bis Stadtmitte)
geschlossen, lediglich Friedrichstraße blieb offen und diente 29
Jahre zum Umsteigen von der U-Bahn in die S-Bahn innerhalb
des Westnetzes bzw. zum Passieren der Grenze.

Während neuere Bahnhöfe bereits mit 110 m langen Bahnsteigen gebaut worden waren, mussten die älteren Stationen
im Stadtzentrum Mitte der 1990er Jahre auf mindestens 105 m
verlängert werden, um auch auf der U6 6-Wagen-Züge einset-
zen zu können. Gleichzeitig wurden diese Stationen behindertengerecht mit Aufzügen ausgestattet, bis auf den U-Bahnhof
Französische Straße, der im Zuge der Verlängerung der U5
durch den neuen Kreuzungsbahnhof Unter den Linden ersetzt
wird, weshalb die U6 2012/13 für über ein Jahr unterbrochen
werden musste.

and Hallesches Tor stations on the initial section lie deeper,
due to their location next to the River Spree and the Land-
wehr Canal, respectively. Because of the larger car width of
2.65 m instead of the previous 2.30 m, a platform length of
80 m was considered sufficient.

At the southern end, the original line C split at Mehringdamm (formerly Belle-Alliance-Straße), with one branch going
to Neukölln (since 1966 part of line U7) and the other to
Tempelhof.

After World War II, line U6 was the first to be extended.
Construction along Müllerstraße in the district of Wedding began in 1953. By 1958, line U6 had reached Tegel in two stages.
Between Kurt-Schumacher-Platz and Borsigwerke, the only
large-profile surface section, except for line U5 to Hönow, can
be found. In the 1960s, an extension from Tempelhof to Alt-
Mariendorf was added. On this section, the line crosses the
Teltow Canal on the lower deck of a road bridge at Ullsteinstraße station. No extensions have been planned for line U6 for
several decades.

The erection of the Berlin Wall caused five of the stations
from 1923 (from Schwartzkopffstraße to Stadtmitte) to be
closed, with only Friedrichstraße remaining open to transfer
between U-Bahn and S-Bahn within the western network, or to
cross the border.

Whereas the newer stations had been built with 110 m
platforms, the older stations in the city centre had to be
lengthened in the mid-1990s to at least 105 m to take 6-car
trains. Except for Französische Straße, which will be replaced
by a new U5/U6 interchange station at Unter den Linden,
all the stations in the city centre have been made fully accessible with lifts. To allow for the construction of the new
interchange station, line U6 had to be interrupted for more
than a year in 2012/13.

① **Otisstraße** (15-01-2007)
– Auf der Verlängerung nach Alt-Tegel von 1958 findet man drei oberirdische, sich einander sehr ähnelnde Stationen, die Trasse liegt meist auf
einem Damm.
– *On the 1958 extension to Alt-Tegel there are three surface stations, all
with a similar design; the alignment is mostly on an embankment.*

② **Friedrichstraße** (08-05-2012)
– Die wichtigste Station auf der U6 blieb sogar während der Zeit des Beste-
hens der Berliner Mauer geöffnet, aber nur für West-Berliner und Besucher
aus dem Westen, die hier zur S-Bahn umsteigen konnten oder mit einem
Tagesvisum den Ostteil der Stadt erkunden durften.
– *The busiest U6 station, it even remained in service while the Berlin Wall
divided the city; at this station, West Berliners and western visitors were
able to change to the S-Bahn or explore the eastern part of the city on a
day visa.*

③ **Alt-Mariendorf** (07-04-2010)
– seit 45 Jahren südliche Endstation der U6, eine weitere Verlängerung ist
nicht geplant. Wie der Stationsname sagt, handelt es sich um einen alten Orts-
kern, von denen es in Berlin zahlreiche gibt, die bis heute oft ihren dörflichen
Charakter bewahrt haben.
– *line U6's southern terminus for the last 45 years now, with no further
extension planned. The prefix 'Alt-' in the station's name indicates that
this is the centre of an old village. In Berlin, there are numerous such
places which preserve their rural atmosphere.*

④ **Platz der Luftbrücke** (30-04-2013)
– Dieser klassische U-Bahnhof diente einst als Zugang zum Flughafen
Tempelhof, wo nun seit 2008 kein Flugbetrieb mehr stattfindet. Der heutige
Name der Station bezieht sich auf die Luftbrücke der Westalliierten während
der einjährigen Berlin-Blockade 1948/49, als West-Berlin aus der Luft versorgt
wurde.
– *This classic underground station was once the gateway to Tempelhof Airport, which has been out of service since 2008. The present station name
refers to the airlift established by the western allies during the 1-year
Berlin Blockade in 1948/49, when West Berlin's supplies were brought in
by plane.*

❶

Ⓤ Linie U7 Rathaus Spandau – Rudow

Die U7 gehört zu den am meisten frequentierten und auch schnellsten U-Bahn-Linien Berlins. Sie verkehrt in den Hauptverkehrszeiten alle 4 Minuten, sonst tagsüber alle 5 Minuten. Diese Großprofillinie ist mit fast 32 km Berlins längste U-Bahn-Linie. Sie verläuft durchgehend unterirdisch und stellt eine reine West-Berliner Linie dar.

Der älteste Abschnitt der U7 wurde in den 1920er Jahren als Cı-Ast der ehemaligen ‚Nord-Süd-Bahn' (heute U6) vom Mehringdamm nach Neukölln errichtet. Dieser Ast wurde 1963 noch von Grenzallee bis Britz Süd verlängert, bevor 1966 mit Einführung der Liniennummern und einer kurzen Neubaustrecke von Mehringdamm bis Möckernbrücke die eigenständige Linie 7 geschaffen wurde. Im geteilten Berlin wurde die U7 bis 1984 zu einer Tangentiallinie ausgebaut, welche die Bezirke Spandau, Charlottenburg, Wilmersdorf, Schöneberg, Kreuzberg und Neukölln miteinander verbindet, ohne dabei weder das historische Zentrum der Stadt noch die West-Berliner City rund um den Bahnhof Zoologischer Garten zu berühren. Der mittlere Abschnitt der U7 zwischen Kleistpark und Richard-Wagner-Platz stimmt weitgehend mit einer im Ausbauplan von 1939 vorgesehenen Ringlinie überein. Im Süden dient die U7 vor allem der Erschließung der in den 1970er Jahren gebauten Großsiedlung Gropiusstadt. Dieser Abschnitt sollte anfangs in einem offenen Einschnitt errichtet werden, schließlich entschied man sich doch für eine unterirdische Strecke, so dass entlang der U-Bahn-Strecke ein langer Park angelegt werden konnte.

1984, also im selben Jahr, als die U7 schließlich Spandau erreichte, gingen die S-Bahn-Strecken auf West-Berliner Gebiet von der DDR-Reichsbahn auf die BVG über, die Strecken nach Spandau über Olympiastadion sowie die sog. Siemensbahn von Jungfernheide nach Gartenfeld blieben aber dennoch geschlossen. Letztere wurde auch später nicht wieder

Ⓤ *Line U7 Rathaus Spandau – Rudow*

Line U7 is among the busiest and fastest U-Bahn lines in Berlin. During peak hours, it operates every 4 minutes, and during off-peak daytime hours, every 5 minutes. At 32 km, this large-profile line is Berlin's longest metro line. It is entirely underground and only runs through the former West Berlin.

The oldest part of line U7 was built from Mehringdamm towards Neukölln in the 1920s as the Cı branch off the 'Nord-Süd-Bahn' (now U6). This branch was extended to Britz Süd in 1963, before the new 'Linie 7' was created in 1966 and a short new stretch to Möckernbrücke was added. While the city remained divided, line U7 was extended to become a long tangential route linking the districts of Spandau, Charlottenburg, Wilmersdorf, Schöneberg, Kreuzberg and Neukölln without passing through the old city centre or the heart of

Ⓤ U7

31,8 km
40 Bahnhöfe | *stations*

19-04-1924 Mehringdamm – Gneisenaustraße*
14-12-1924 Gneisenaustraße – Südstern*
11-04-1926 Südstern – Karl-Marx-Straße*
21-12-1930 Karl-Marx-Straße – Grenzallee*
28-09-1963 Grenzallee – Britz-Süd*
28-02-1966 Mehringdamm – Möckernbrücke
02-01-1970 Britz-Süd – Zwickauer Damm
29-01-1971 Möckernbrücke – Fehrbelliner Platz
01-07-1972 Zwickauer Damm – Rudow
28-04-1978 Fehrbelliner Platz – Richard-Wagner-Platz
01-10-1980 Richard-Wagner-Platz – Rohrdamm
01-10-1984 Rohrdamm – Rathaus Spandau

* als Ast der Linie C (U6) | *as a branch of line C (U6)*

① **Hermannplatz** (04-02-2007)
– beeindruckender Umsteigebahnhof am Nordrand von Neukölln. Die riesige Bahnsteighalle wird nur durch die eine Ebene höher kreuzende Linie U8 unterbrochen.
– *impressive interchange station in the northern part of Neukölln. The spacious station hall is bisected by line U8, which crosses on the upper level.*

② **Mierendorffplatz** (20-02-2007)
– farbenfrohe Wandgestaltung von Rainer G. Rümmler in den U-Bahnhöfen der 1970er und 1980er Jahre
– *Colourful station wall designs by Rainer G. Rümmler are found in the 1970s and 1980s underground stations.*

aufgebaut, da ihr Einzugsgebiet nun von der U7 weitgehend abgedeckt ist.

Bautechnisch kam bei der U7 auf drei kurzen Abschnitten der Schildvortrieb zum Einsatz, nämlich zwischen Yorckstraße und Kleistpark zur Unterfahrung der S1, zwischen Bismarckstraße und Richard-Wagner-Platz sowie zwischen Altstadt Spandau und Rathaus Spandau. Die Spree, die Havel und der Westhafen-Kanal wurden mittels Senkkästen unterquert. Die übrigen Abschnitte wurden, wie sonst damals in Berlin üblich, in offener Bauweise erstellt.

Von Spandau sollte die U7 einst um vier Stationen bis zur Heerstraße in Staaken verlängert werden. Im Süden ist eine Erweiterung bis zum Flughafen in Schönefeld möglich. Beim Bau der U7 wurde auf mehrere andere Strecken aus dem 200-km-Plan Rücksicht genommen. So findet man im U-Bahnhof Rathaus Spandau voll ausgebaute Bahnsteigkanten für die U2 von Ruhleben, dasselbe gilt für den U-Bahnhof Jungfernheide, wo für die U5 und die U7 ein doppelstöckiger Bahnhof für bahnsteiggleiches Umsteigen errichtet wurde. Am Adenauerplatz liegt rechtwinklig unter der U7 der Rohbau für einen Bahnsteig der U1, ähnlich ist die Situation am Kleistpark, wo einst die sog. U10 kreuzen sollte.

West Berlin around Zoo station. The central section of line U7 between Kleistpark and Richard-Wagner-Platz roughly coincides with a ring line proposed in the 1939 master plan. The southern leg, which goes through a large housing estate, the Gropiusstadt, was initially planned to run in an open cutting, but it was eventually covered, resulting in a long park above the U-Bahn tunnel.

In 1984, the same year line U7 reached Spandau, control of the West Berlin S-Bahn lines was transferred from East Berlin to the BVG, but the S-Bahn route to Spandau via Olympiastadion, as well as the so-called 'Siemensbahn' from Jungfernheide to Gartenfeld, remained closed. The latter has never been reopened as the area is now served by line U7.

Three short sections of line U7 run through bored tunnels: between Yorckstraße and Kleistpark to dive under line S1, between Bismarckstraße and Richard-Wagner-Platz, and between Altstadt Spandau and Rathaus Spandau. The Spree and Havel river crossings, as well as that of the Westhafen Canal, were built with caissons. All the other sections were excavated by cut-and-cover, then the commonly used construction method in Berlin.

At the Spandau end, line U7 was planned to be extended by four stations to Heerstraße in Staaken. A southern extension may one day bring the line to the airport at Schönefeld.

During the construction of line U7, several other routes included in the 200 km master plan were taken into account: at Rathaus Spandau, there are complete platforms for line U2 from Ruhleben, and a 2-level station has been built for lines U5 and U7 at Jungfernheide, both of which will provide cross-platform interchange. At Adenauerplatz, the shell for a U1 station lies perpendicularly below the U7 station, and a similar layout can be found at Kleistpark, where interchange to a possible future U10 has been planned.

① **Paulsternstraße** (15-01-2007)
– vielleicht der Höhepunkt der farbenfrohen Schaffensperiode von Architekt Rainer G. Rümmler, der für die Gestaltung der meisten U-Bahnhöfe von Mitte der 1960er bis Mitte der 1990er Jahre zuständig war; hier eine idyllische Landschaft im späten Flower-Power-Stil in einer von Industrie geprägten Gegend.
– *possibly the climax of the colourful architecture of Rainer G. Rümmler, who designed most of the U-Bahn stations from the mid-1960s until the mid-1990s; here he created an idyllic underground world in a rather industrial area.*

② **Konstanzer Straße** (23-06-2008)
– nördlicher Zugang von 2008. Bei allen U-Bahnhöfen mit nur einem Ausgang an einem Bahnsteigende wurde in den 2000er Jahren aus Brandschutzgründen ein zweiter hinzugefügt.
– *northern entrance from 2008. For fire safety reasons, a second entrance was built during the 2000s at all stations with only a single exit at one end of the platform.*

③ **Fehrbelliner Platz** (08-08-2008)
– markantes Eingangsbauwerk aus dem Jahr 1971 von Rainer G. Rümmler im Zentrum von Wilmersdorf. Seit 1913 hielt hier bereits die heutige U3.
– *iconic 1971 entrance pavilion designed by Rainer G. Rümmler in the centre of Wilmersdorf. Today's U3 had served the station since 1913.*

④ **Bismarckstraße** (21-02-2010)
– Umsteigebahnhof zur U2, für die zu diesem Zweck 1978 auf bestehender Strecke eine Station eingefügt wurde. Der im typischen Stil der 1970er Jahre gehaltene U7-Bahnsteig soll demnächst umgestaltet werden.
– *interchange with line U2, for which a station was added on the existing line in 1978. The U7 platform, which boasts a typical 1970s design, is planned to be refurbished soon.*

❶

U Linie U8 Wittenau – Hermannstraße

Die U8 verkehrt tagsüber durchgehend im 5-Minuten-Takt. Vormittags endet Richtung Norden jeder zweite Zug am U-Bahnhof Osloer Straße. Die U8 weist in Mitte und in Kreuzberg teilweise sehr enge Kurvenradien auf, was wie bei der U2 die Reisegeschwindigkeit verringert.

Die Linie U8 entstand in den 1920er Jahren als Großprofillinie D. Sie war von der AEG mit der Bezeichnung ‚GN-Bahn‘ (Gesundbrunnen – Neukölln) geplant worden, nachdem vorher der Bau einer Schwebebahn nach Wuppertaler Vorbild und später einer Hochbahn auf dieser Verbindung abgelehnt worden war. Der Bau begann an mehreren Abschnitten bereits 1912, unter anderem an den U-Bahnhöfen Voltastraße und Bernauer Straße, die noch in einfacher Tiefenlage ohne Zwischengeschosse errichtet wurden. Mit Ausbruch des 1. Weltkriegs kamen die Bauarbeiten jedoch zum Erliegen und nach dem Krieg sah sich die AEG gezwungen, die bereits begonnenen Abschnitte der Stadt Berlin zu übergeben, die schließlich 1926 die ‚Nord-Süd-Bahn AG‘ mit dem Weiterbau beauftragte. Noch zu bauende Stationen wurden an den für die Linie E (U5) festgelegten Standard angepasst, d.h. es wurden an beiden Enden Zwischengeschosse eingebaut. In Kreuzberg wurde der bereits begonnene geradlinige Tunnel unter der Dresdener Straße (inklusive gleichnamiger Station) aufgegeben, um stattdessen den Bereich Moritzplatz zu erschließen. Am Hermannplatz, wo eine gemeinsame Station für die Linien C und D entstand, bestellte das heute noch existierende Kaufhaus Karstadt einen direkten Zugang vom U-Bahnhof. Bis 1930 wurde die ursprüngliche Linie D fertiggestellt, welche dann bis 1977 unverändert blieb. Mit dem Bau der Berliner Mauer 1961 verwandelten sich jedoch sechs der 14 Stationen in Geisterstationen, die von den Zügen ohne Halt durchfahren wurden. Der Nordabschnitt im Bezirk Wedding bestand 16 Jahre lang aus nur zwei Stationen, bis schließlich eine Verlängerung bis Osloer Straße in Betrieb

U Line U8 Wittenau – Hermannstraße

A 5-minute headway is operated on line U8 throughout the day. In the morning off-peak period, however, every other northbound train terminates at Osloer Straße. In the central area and through Kreuzberg, the line negotiates some tight curves which reduce its average travel speed.

Line U8 was built in the 1920s as line D. It had been planned by AEG as the 'GN-Bahn' (Gesundbrunnen – Neukölln), after projects for a suspended railway of the Wuppertal type or an elevated railway had been rejected. Construction started at various points in 1912, among them being the stations at Voltastraße and Bernauer Straße, which were therefore built without mezzanines, as was the practice at the time. World War I put an end to construction, and after the war, AEG was

U8

18,2 km
24 Bahnhöfe | *stations*

17-07-1927 Schönleinstraße – Boddinstraße
12-02-1928 Schönleinstraße – Kottbusser Tor
06-04-1928 Kottbusser Tor – Heinrich-Heine-Straße
04-08-1929 Boddinstraße – Leinestraße
18-04-1930 Heinrich-Heine-Straße – Gesundbrunnen
13-08-1961 [X] Bernauer Straße, Rosenthaler Platz, Weinmeisterstraße,
 Alexanderplatz, Jannowitzbrücke, Heinrich-Heine-Straße
05-10-1977 Gesundbrunnen – Osloer Straße
27-04-1987 Osloer Straße – Paracelsus-Bad
11-11-1989 + Jannowitzbrücke*
22-12-1989 + Rosenthaler Platz*
12-04-1990 + Bernauer Straße*
01-07-1990 + Weinmeisterstraße, Alexanderplatz, Heinrich-Heine-Straße*
24-09-1994 Paracelsus-Bad – Wittenau
13-07-1996 Leinestraße – Hermannstraße

[X] Schließung | *Closure*   * Wiederinbetriebnahme | *Reopening*

① **Rosenthaler Platz** (22-11-2011)
– typischer U-Bahnhof der ursprünglich als GN-Bahn geplanten Strecke, mit farblich von Station zu Station unterschiedlicher Wandverfliesung.
– *typical station on the route initally referred to as the GN-Bahn, with a different colour for the wall tiling used in each station.*

② **Bernauer Straße** (22-11-2011)
– Bahnhof direkt unter der Straßenoberfläche mit sonst unüblichen runden Natursteinsäulen
– *station right below street level, with otherwise seldom seen round stone pillars*

genommen wurde, so dass nun über die U9 ein Anschluss an die West-Berliner City geschaffen wurde.

Als letzte große U-Bahn-Baumaßnahme in West-Berlin vor der Wende begann Mitte der 1980er Jahre die Nordverlängerung zum Anschluss der Großsiedlung Märkisches Viertel. Statt einer anfangs geplanten geraden Streckenführung entlang der Roedernallee entschied man sich schließlich für einen Umweg über die Karl-Bonhoeffer-Nervenklinik und das Rathaus Reinickendorf. Zwischen diesen beiden Stationen wurde der Schildvortrieb angewandt, um das Krankenhausleben nicht zu beinträchtigen und den Baumbestand zu schützen. 1994 wurde der S-Bahnhof Wittenau erreicht, das fehlende Stück ins Märkische Viertel mit einst drei geplanten Stationen wartet bis heute auf seine Verwirklichung.

Im Süden kam 1996 ein kurzer Abschnitt als Lückenschluss zwischen Leinestraße und S-Bahnhof Hermannstraße hinzu. Dieser Abschnitt war bereits weitgehend Ende der 1920er Jahren gebaut, jedoch nie vollendet worden. In den ersten Versionen der Nachkriegsplanungen war noch eine Südverlängerung nach Britz enthalten, welche aber heute wegen der parallelen U7 nicht mehr aktuell ist.

not able to proceed and the project was transferred to the city government. In 1926, construction was resumed under the control of the 'Nord-Süd-Bahn AG'. The rest of the stations to be built were realised following the parameters set for line E (U5), which meant that mezzanines were added at both ends. In Kreuzberg, a straight route which had already been built along Dresdener Straße (including a station of that name) was later abandoned, while the line was diverted to serve the Moritzplatz area. At Hermannplatz, where a 2-level station was constructed for lines C and D, the Karstadt department store ordered a direct entrance from the U-Bahn station. By 1930, the original line D had been completed. It remained unchanged until 1977, but the erection of the Berlin Wall in 1961 turned six of its 14 stations into ghost stations which the trains passed through without stopping. For 16 years, the northern U8 section in the district of Wedding thus only consisted of two stations. When the line was extended to Osloer Straße, this area was finally linked to the West Berlin city centre via line U9.

The last major U-Bahn project to be launched in West Berlin before the collapse of the Wall was the U8 extension north towards Märkisches Viertel. Although a straight route along Roedernallee had initially been planned, in the end a detour was taken via Karl-Bonhoeffer-Nervenklinik and Rathaus Reinickendorf. Between these two stations, the tunnels were excavated with tunnel boring machines so as not to disrupt hospital life or require the removal of trees. In 1994, line U8 reached the S-Bahn station Wittenau, with the last section to Märkisches Viertel with a further three stations having been shelved.

At the southern end, a short extension was added in 1996 to fill the gap between Leinestraße and Hermannstraße. This section had actually been started in the late 1920s, but was never completed. Early post-war plans included an extension to Britz, but this is no longer being pursued due to the parallel alignment of line U7.

① **Lindauer Allee** (05-03-2007)
– Auch die abwechslungsreichen U-Bahnhöfe der U8-Nord stammen von Architekt Rainer G. Rümmler, bei Lindauer Allee handelt es sich um die einzige Station der U8 mit Seitenbahnsteigen.
– *The U-Bahn stations on the northern leg of line U8 were also designed by Rainer G. Rümmler, with Lindauer Allee being the only one on the entire line with side platforms.*

② **Hermannplatz** (24-04-2005)
– direkter Zugang zum U8-Bahnsteig im Stil der „Nord-Süd-Bahn", deren Neuköllner Ast heute Teil der Linie U7 ist.
– *direct access to the U8 platform in the typical style of the "Nord-Süd-Bahn", whose branch to Neukölln is now integrated into line U7.*

③ **Alexanderplatz** (04-02-2007)
– Wie die benachbarten U-Bahnhöfe der U8 wurde auch die Station Alexanderplatz, mitten im Ost-Berliner Zentrum gelegen, von 1961 bis 1990 ohne Halt von den Zügen der BVG-West durchfahren.
– *Like the neighbouring stations on line U8, Alexanderplatz station, located right in the centre of East Berlin, was passed through without stopping by the trains of the western BVG between 1961 and 1990.*

④ **Paracelsus-Bad** (12-02-2007)
– von 1987 bis 1994 nördlicher Endpunkt der U8, gestalterisch an das namensgebende Stadtbad angelehnt.
– *northern U8 terminus from 1987 to 1994; the design was inspired by the nearby swimming complex of the same name.*

①

Ⓤ Linie U9 Osloer Straße – Rathaus Steglitz

Die U9 zählt zu den am meisten frequentierten und schnellsten Linien Berlins, einerseits wegen der hohen Anzahl an Umsteigebahnhöfen (9 von 18), andererseits wegen ihrer geraden Streckenführung. Sie verkehrt in den Hauptverkehrszeiten alle 4 Minuten, sonst tagsüber alle 5 Minuten. Von 1977 bis 1993 wurden die Züge der U9 automatisch mit LZB (ähnlich wie die U-Bahn in München oder Wien) gesteuert, heute wird sie wie alle anderen Berliner U-Bahn-Linien manuell betrieben.

Der Bau der neuesten Großprofillinie, der U9, begann Mitte der 1950er Jahre, als Berlin zwar faktisch, jedoch noch nicht endgültig geteilt war. Auch wenn der in dieser Zeit entwickelte 200-km-Plan Berlin als Einheit betrachtete, wurde die U9 doch als reine West-Berliner Linie konzipiert, die das historische Stadtzentrum, den Bezirk Mitte, nicht berühren, sondern die drei Westsektoren direkt miteinander verbinden sollte. Der erste Abschnitt der anfangs als Linie G bezeichneten Strecke ging nur zwei Wochen nach dem Bau der Berliner Mauer im August 1961 in Betrieb, so dass sofort eine schnelle Verbindung von den nördlichen Bezirken Reinickendorf und Wedding in die West-Berliner City angeboten werden konnte.

In den 1970er Jahren wurde die seit 1966 als Linie 9 bezeichnete Strecke im Süden entlang der Bundesallee nach Steglitz verlängert. Auf diesem Abschnitt entstanden gleichzeitig mehrere Autotunnel, die die Anordnung der Stationen teilweise mitbestimmten. 1971 wurde auch die U7 bis Wilmersdorf verlängert und es entstand an der Berliner Straße ein für Umsteiger praktischer Turmbahnhof. Im südlichsten Abschnitt zwischen Walther-Schreiber-Platz und Rathaus Steglitz kann man bis heute die großzügigen Planungen früherer Jahrzehnte beobachten, denn hier sollte die U9 über drei Stationen parallel zur geplanten U10 (Weißensee – Alexanderplatz – Potsdamer Platz – Steglitz – Lichterfelde) verlaufen. Am U-Bahnhof

Ⓤ *Line U9 Osloer Straße – Rathaus Steglitz*

Line U9 is one of Berlin's busiest and fastest lines, which is partly due to its large number of interchange stations (9 out of 18) and its straight alignment. During peak hours, it runs every four minutes, and during other daytime hours, every five minutes. From 1977 until 1993, trains were operated in autopilot mode with LZB control (similar to the ATO system on the Central and Victoria Lines in London), but they are now operated manually like on all the other lines in Berlin.

The construction of this last large-profile line began in the mid-1950s, when Berlin was in effect divided, although the division was not yet absolute. Although the 200 km master plan that emerged at the time still considered Berlin a single city, line U9 was conceived as a purely West Berlin line which avoided the historical city centre, and instead linked the three western sectors. The first section of what was initially called line G opened only two weeks after the erection of the Berlin Wall in August 1961. This provided a fast link between the northern districts and the West Berlin city centre.

Renamed 'Linie 9' in 1966, it was extended along Bundesallee to Steglitz during the 1970s. Several road tunnels along this section determined the layout of some stations.

U9		
12,5 km		
18 Bahnhöfe	*stations*		
28-08-1961	Leopoldplatz – Spichernstraße	
29-01-1971	Spichernstraße – Walther-Schreiber-Platz	
30-09-1974	Walther-Schreiber-Platz – Rathaus Steglitz	
30-04-1976	Leopoldplatz – Osloer Straße	

① **Walther-Schreiber-Platz** (27-04-2011)
  – an die älteren U-Bahnhöfe angelehnte Deckenform
  – vaulted ceiling in the style of the older underground stations

② **Osloer Straße** (26-04-2011)
  – nördliche Endstation mit norwegischer Flagge an den Wänden
  – northern terminus with the Norwegian flag on the walls

Schloßstraße wurde dafür ein doppelstöckiger Bahnhof gebaut, der bahnsteiggleiches Umsteigen ermöglichen sollte. Der heute von der U9 benutzte Endbahnhof Rathaus Steglitz war eigentlich für die U10 vorgesehen, der Rohbau des U9-Bahnsteigs verbirgt sich auf der Ebene -1 hinter provisorischen Wänden. Der Abschnitt Walther-Schreiber-Platz – Rathaus Steglitz wird ab 2014 so umgebaut, dass die Züge im U-Bhf Schloßstraße in beiden Richtungen am oberen Bahnsteig halten können.

    Im Norden kam 1976 eine kurze Verlängerung zur Osloer Straße hinzu, die eine wichtige Verbindung zu der ein Jahr später verlängerten U8 schuf. Eine weitere Verlängerung bis Pankow Kirche (U2) war zwar angedacht, kann aber heute nicht als dringend eingestuft werden.

    Die U9 sollte im Süden bis Lankwitz Kirche verlängert werden. Die Planungen waren in den 1980er Jahren weit fortgeschritten, und wenn die Berliner Mauer 1989 nicht gefallen wäre, dann wäre dieses Projekt wohl nach Vollendung der U8-Nord in Angriff genommen worden. Im wiedervereinten Berlin wurden die Prioritäten jedoch dann vorerst auf die Wiederherstellung der 1961 unterbrochenen Strecken gesetzt.

    Neben den Vorleistungen für die U10 findet man entlang der U9 am U-Bahnhof Turmstraße in der Ebene -1 einen Teil des Rohbaus für die U5. Der Großteil der U9 wurde wie fast überall in Berlin in offener Bauweise erstellt. Erwähnenswert ist die Verwendung von Senkkästen auf einem kurzen Abschnitt zwischen Berliner Straße und Bundesplatz zur Querung einer Schmelzwasserrinne im Bereich Stadtpark Wilmersdorf (siehe auch U4 Rathaus Schöneberg und U3 zwischen Fehrbelliner Platz und Heidelberger Platz). Die Querung der verschiedenen Wasserstraßen erfolgte hingegen durch den Bau von provisorischen Dämmen.

In 1971, line U7 was also extended to Wilmersdorf, and a convenient interchange was created at Berliner Straße for lines U7 and U9. The southernmost section between Walther-Schreiber-Platz and Rathaus Steglitz is still testimony to these ambitious expansion plans. Line U9 was to run parallel to the planned U10 (Weißensee – Alexanderplatz – Potsdamer Platz – Steglitz – Lichterfelde), and at Schloßstraße, a 2-level station was therefore built to provide cross-platform interchange. The present terminus was actually designed for line U10, with the station shell for line U9 lying on level -1, hidden behind some temporary walls. Starting in 2014, the Walther-Schreiber-Platz – Rathaus Steglitz section will be rebuilt to allow trains in both directions to use the upper platform at Schloßstraße.

*   In the north, a short extension to Osloer Straße was added in 1976, which a year later provided an essential link to line U8. A further extension to Pankow Kirche (U2) has been proposed, but is not considered very urgent.*

*   In the south, line U9 was to be extended to Lankwitz Kirche. This project was at an advanced stage of planning when the Berlin Wall fell in 1989, and priorities were shifted to other projects, such as the reconstruction of the routes severed in 1961; otherwise, it is very likely that this extension would have been built after the completion of line U8 to Märkisches Viertel.*

*   Besides the preliminary work carried out for line U10, line U9 includes parts of a station shell for line U5 on level -1 at Turmstraße. Most of line U9 was built by cut-and-cover, but caissons were used for a short stretch between Bundesplatz and Berliner Straße to bridge the hollow that is now Wilmersdorf Park (like at Rathaus Schöneberg on line U4, and be-*

tween Fehrbelliner Platz and Heidelberger Platz on line U3).
The crossing of the various waterways, however, was achieved
with the help of temporary cofferdams.

① **Bundesplatz** (27-04-2011)
— einziger Bahnhof der U9 mit Seitenbahnsteigen (2008/09 umgestaltet),
hinter der Wand links befindet sich ein Autotunnel.
— only station on line U9 with side platforms (refurbished in 2008/09),
with a road tunnel located behind the wall on the left.

② **Leopoldplatz** (20-12-2010)
— Winterlandschaft in der Luxemburger Straße im Wedding; der neu einge-
baute Aufzug führt direkt zum U9-Bahnsteig. Mittlerweile sind die meisten
U-Bahnhöfe in Berlin behindertengerecht zugänglich.
— Winter has arrived on Luxemburger Straße in the district of Wedding;
the newly-added lift leads directly to the U9 platform. By now, most stations on the Berlin U-Bahn have been made fully accessible.

③ **Westhafen** (26-04-2011)
— Ende der 1990er Jahre neu gestaltet mit dem Thema „Menschenrechte",
die an den Wänden zu lesen sind. Die Säulen hingegen zieren die daraus
entnommenen Satzzeichen.
— This station was refurbished during the late 1990s with the theme of
"Human Rights", which are listed on the station walls, while the pillars
are decorated with punctuation marks extracted from the texts.

④ **Zoologischer Garten** (26-04-2011)
— Der wichtigste Bahnhof der U9 liegt mitten in der City West, mit Umsteigemöglichkeit zur U2 und zur S-Bahn. Er wurde seit 1961 mehrmals
modernisiert, markant sind die auf den benachbarten Zoo verweisenden
Tiere an den Wänden.
— The busiest station on line U9 is located right in the City West, providing
interchange with line U2 and the S-Bahn. Since 1961, this station has been
modernised several times, with the walls now depicting animals from the
adjacent zoo.

U-Bahn-Fahrzeuge

Bei der Berliner U-Bahn sind derzeit fünf verschiedene Zugtypen im Einsatz (siehe Tabelle unten). Bei allen Wagentypen außer H und HK handelt es sich um Doppeltriebwagen (DT), also um zwei fest miteinander verbundene Wagen mit jeweils einem Führerstand. Im Kleinprofilnetz verkehren vorwiegend 8-Wagen-Züge (103 m lang und 2,30 m breit) vom Typ A3E/A3L, GI oder HK (die letzten beiden in der Regel nur auf der U2). Häufig sind auf den Linien U1 und U3 auch 6-Wagen-Züge zu sehen, während auf der U4 nur 2-, selten auch 4-Wagen-Züge im Einsatz sind. Die Großprofillinien werden meist mit knapp 100 m langen 6-Wagen-Zügen vom Typ F und H betrieben (Wagenbreite 2,65 m). Kurzzüge aus vier F-Wagen sind zu Tagesrandzeiten anzutreffen. Die Spurweite aller Linien beträgt 1435 mm, die Stromzufuhr mit 750 V Gleichstrom erfolgt über eine seitliche Stromschiene, die bei den Kleinprofillinien von oben, bei den Großprofillinien von unten bestrichen wird.

Im Juli 2012 bestellte die BVG bei Stadler Pankow zwei Prototypen (4-Wagen-Züge) der neuen Kleinprofil-Baureihe IK, die ab 2015 getestet werden sollen. Später sollen 34 solcher Einheiten, d. h. 17 Züge, bestellt werden. Die neuen Züge werden mit 2,40 m etwas breiter als die bisherigen Fahrzeuge im Kleinprofilnetz sein.

Auf der Linie U9 wurde von 1977 bis 1993 wie bei der Münchner U-Bahn automatischer Fahrbetrieb mit LZB (Linienzugbeeinflussung) praktiziert, heute werden die Berliner U-Bahn-Züge jedoch von den Fahrern durchweg manuell gesteuert. Die Zugsicherung erfolgt mit fernbedienten Streckensignalen und magnetischen Fahrsperren bei festen Blockabschnitten. Der U-Bahn-Betrieb wird von der zentralen Leitstelle überwacht, die derzeit noch im ehemaligen Hauptgebäude der BVG am Kleistpark untergebracht ist, jedoch Ende 2015 nach Friedrichsfelde umziehen wird.

Den Zügen des Kleinprofilnetzes steht die Betriebswerkstatt Grunewald am U-Bahnhof Olympia-Stadion zur Verfügung, die Großprofillinien werden aus den Betriebswerkstätten Friedrichsfelde, Britz und Seestraße versorgt. Letztere dient auch als Hauptwerkstatt für alle Fahrzeugtypen. Aufstellgleise, auf denen Züge nachts geparkt werden können, sind über das ganze Netz verteilt.

U-Bahn Rolling Stock

At present, five different types of rolling stock are in service on the Berlin U-Bahn (see table below). All of them except H and HK are made up of semi-permanently coupled married pairs (Doppeltriebwagen – DTs), each car being equipped with only one driver's cab. On the small-profile network, 8-car trains (103 m long and 2.30 m wide) of classes A3E/A3L, GI or HK are mostly used (the latter two normally only on line U2). On lines U1 and U3, 6-car trains can often be seen, whereas on line U4, 2-car units, and occasionally 4-car trains, are in service. The large-profile lines are mostly operated with 100 m 6-car trains of classes F and H (2.65 m wide). Short trains made up of four F cars can be seen in the early morning and late evening. Both networks have 1435 mm gauge. Power is supplied via a 750 V dc third rail, with collection from the top on the small-profile lines, and from underneath on the large-profile lines.

In July 2012, the BVG ordered two prototype four-car trains from Stadler Pankow for the small-profile network (class IK), which are to be delivered for testing in 2015. After that, 34 such units, i.e. 17 full-length trains, may be ordered. At 2.40 m, the new trains will be slightly wider than the rolling stock used on the small-profile network so far.

Like on the Munich U-Bahn, automatic driving under LZB (ATO) was practiced on line U9 from 1977 to 1993, but Berlin U-Bahn trains are today driven manually. The signalling system includes remote-controlled line signals on fixed block track sections, combined with magnetic tripcocks. The operation of the U-Bahn is monitored from the central control room, still located in the former BVG head office at Kleistpark, but set to move to Friedrichsfelde in late 2015.

The small-profile rolling stock is maintained at the Grunewald workshops near Olympia-Stadion station. Three such facilities are available for the large-profile stock: Friedrichsfelde, Britz and Seestraße. The latter also functions as the main workshop for all types of vehicle. Sidings for stabling trains at night are spread all over the network.

IK-Zug - Designentwurf von büro+staubach
– IK train as designed by büro+staubach

Typ Class	Kleinprofilnetz | Small-profile network						Großprofilnetz | Large-profile network		
	A3				GI	HK	F		H
Serie Subclass	A3E	A3L	A3L82	A3L92	GI/1E	HK2000 HK06	F74/F76/ F79	F84/F87 F90/F92	H95 H97/H01
Hersteller Manufacturer	Orenstein & Koppel Waggon-Union	Orenstein & Koppel	Waggon-Union	ABB Henschel	LEW Hennigsdorf	ADtranz Bombardier	Orenstein & Koppel Waggon-Union	Waggon-Union/ AEG	ABB Henschel ADtranz
Wagennummern Car numbers	482-537	656-891	640-655	538-639	1070-1094	1001-1024	2502-2711	2724-3013	5001-5046
Im Einsatz In service	56 (28x2)	214 (107x2)	16 (8x2)	102 (51x2)	100 (25x4)	96 (24x4)	202 (101x2)	288 (144x2)	276 (46x6)
Baujahr Year of production	(1964-1966) 2001-2005*	1967 1972-1973	1982-1983	1993-1995	(1988-1989) 2005-2009*	2001 2006-2007	1973-1980	1984-1993	1995 1998-2002
Länge Length	12,8 m (25,66 m DT)				51,2 m (4 x 12,8 m)	51,59 m	15,7 m (32,1 m DT)		98,74 m
Breite Width	2,30 m						2,65 m		

* Ertüchtigung | Refurbishment

AI: Nr. 86 (im Anstrich von 1908 | in 1908 livery) + 262
– Bw Friedrichsfelde (25-08-2002)

AII: Nr. 377 – Rampe Eberswalder Straße
(2002, Bernhard Kußmagk)

Ⓤ Frühere Fahrzeuggenerationen

Die Berliner U-Bahn wurde 1902 mit Fahrzeugen der Bauart **A**I eröffnet, welche einen hölzernen Wagenkasten mit Blechbeplankung hatten. Ab 1924 wurde dieser Typ auch mit Stahlaufbau hergestellt. In West-Berlin waren die AI-Wagen nach mehreren Modernisierungen und Umbauten bis 1968, in Ost-Berlin sogar bis 1989 im Einsatz. Zwischenzeitlich mussten 80 Stück davon nach dem Krieg bis Mitte der 1960er Jahren wegen Fahrzeugmangels auch auf der Großprofillinie E (heute U5) aushelfen (neben einigen technischen Anpassungen wurden zu diesem Zweck seitlich sog. „Blumenbretter" angebracht, um den 17 cm breiten Spalt zu überbrücken). Die zweite Generation an Kleinprofilzügen, die Bauart **A**II, hielt 1928 in Berlin Einzug. Diese Wagen wurden im Westnetz bis 1973 vom heute noch verkehrenden Typ A3 in all seinen verschiedenen Lieferungen ersetzt, im Ost-Netz fuhr der letzte AII-Zug am 5. 11. 1989, also vier Tage vor dem Fall der Mauer. Hier wurde er vom Typ GI abgelöst.

Das später entstandene Großprofilnetz befahren anfangs, d.h. ab 1923, mit **B**I-Wagen, deren Entwicklung jedoch schon vor dem Ersten Weltkrieg begonnen hatte. Wegen seiner ovalen Frontfenster bekam dieser Typ den Kosenamen „Tunneleule". Für die großen Netzerweiterungen Ende der 1920er Jahren wurde die Fahrzeugflotte durch die Bauart **B**II aufgestockt. Fast gleichzeitig erfolgte jedoch auch die Lieferung der ersten Züge des Typs **C**, der zwar technisch einige Neuerungen aufwies, äußerlich dem BII-Wagen aber stark ähnelte. Allerdings war

Ⓤ Former Rolling Stock

The Berlin U-Bahn started service in 1902 with vehicles of class AI, with wooden car bodies and exterior sheet planking. From 1924, these cars were also produced with a steel body. In West Berlin, rebuilt AI cars remained in service until 1968, and in East Berlin even until 1989. Between World War II and the mid-1960s, 80 cars were transferred to the large-profile line E (now U5) to tackle the rolling stock shortage (besides other modifications, they were equipped with so-called 'flower boards' to bridge the 17 cm gap). The second generation of small-profile rolling stock was class AII, which was delivered from 1928. These cars remained in service on the western system until 1973, before being replaced by trains of class A3. On the eastern system, their last day of service was 5 November 1989, i.e. four days before the collapse of the Berlin Wall. In East Berlin, they were replaced by class GI.

The large-profile network, opened in 1923, initially used class BI vehicles, the design of which dated back to the years before World War I. Because of their oval front windows, they were nicknamed 'tunnel owls'. For the network expansion of the 1920s, the fleet was enlarged with class BII stock, although this was soon followed by the new class C, which included the latest technology while maintaining a similar design. At 18 m, however, the C cars were almost 5 m longer than their predecessors. After World War II, 120 C cars had to be given to the Moscow Metro, where they remained in serv-

BI (Nr. 26), **B**II (Nr. 131), **C** (Nr. 588), **D** etc.
– Betriebswerkstatt Seestraße (07-09-2008)

C (Nr. 588) – Alexanderplatz (18-04-2010)
[80-jähriges Jubiläum der Linie D/U8 | 80th anniversary line D/U8]

D (Nr. 2337) – U5 Alexanderplatz (15-12-2003)

ice until 1965. The remaining C stock was part of the West Berlin U-Bahn fleet until 1975.

After World War II, the West Berlin U-Bahn system resumed its expansion and additional rolling stock was therefore needed, while the older vehicles had to be replaced. From 1956 to 1965, the Berlin-based companies Orenstein & Koppel and DWM (later Waggon-Union) manufactured 115 steel-bodied two-car units of class D ("Dora"). At 15.5 m, they were shorter than the C cars, but this allowed a 6-car train to easily fit alongside a typical 110 m platform. Of the 115 units built, 25 two-car sets were transferred to East Berlin's line E (U5) in 1988, with more following in 1989. The steel-bodied D cars were withdrawn in 1998/99, when the city was already unified. Many of them were sold to the metro in the North Korean capital Pyong Yang, where they are still in service. Between 1965 and 1973, a further 101 two-car sets were delivered, but they had a light aluminium body, and were hence designated class **DL**. They were able to run in multiple with D cars and were officially retired on 27 February 2005, gradually being replaced by new H trains.

In the 1950s, East Berlin began designing a new large-profile vehicle similar to the western D stock, but without much success. To tackle the rolling stock shortage after the erection of the Berlin Wall, a programme was launched to rebuild a large number of S-Bahn vehicles into U-Bahn cars, as many of them were no longer needed due to the S-Bahn boycott in West Berlin. The first cars of class **E**III came into passenger service in May 1963, allowing the borrowed small-profile stock to return to line A, which then operated between Thälmannplatz (now Mohrenstraße) and Pankow/Vinetastraße. By September 1990, a total of 86 motor cars and 86 trailers had been rebuilt in the Schöneweide railway workshops. They were now 17.44 m long and 2.58 m wide (3 m when they were S-Bahn vehicles!) Due to their high energy consumption and the impossibility of taking them to the Seestraße workshops on U-Bahn tracks, they were retired in 1994.

One of almost every type of train in the U-Bahn's history has been preserved for museum purposes. They can be seen on the network on special occasions. Other U-Bahn paraphernalia can be found at the U-Bahn Museum, located in the former signal box at Olympia-Stadion station (U2) and open on the second Saturday of every month.

ein C-Wagen mit 18 m Länge fast 5 m länger als sein Vorgängermodell. Nach dem Zweiten Weltkrieg kamen insgesamt 120 Wagen dieses Typs als Reparationsleistung zur Moskauer Metro, wo sie bis 1965 im Einsatz waren. Die übrigen C-Wagen waren bis 1975 Teil der West-Berliner Fahrzeugflotte.

Nach dem Zweiten Weltkrieg bestand in West-Berlin wegen des Ausbaus des U-Bahn-Netzes Bedarf an weiteren Fahrzeugen, außerdem sollten ältere Fahrzeuge ersetzt werden. Von 1956 bis 1965 wurden deshalb 115 Doppeltriebwagen (DT) der Bauart **D** („Dora") mit Wagenkästen in Stahlbauweise bei Orenstein & Koppel sowie bei DWM (spätere Waggon-Union) in Berlin hergestellt. Mit 15,5 m Länge waren sie etwas kürzer als die C-Wagen, ein 6-Wagen-Zug füllte so jedoch einen typischen 110-Meter-Bahnsteig optimal aus. Von den insgesamt 115 gebauten DT kamen 1988 25 DT zur Linie E (U5) nach Ost-Berlin, weitere folgten im Jahr 1989. Die Stahl-"Doras" wurden in der vereinten Stadt 1998/99 ausgemustert und zahlreiche Exemplare an die Metro in der nordkoreanischen Hauptstadt Pjöngjang abgegeben, wo sie bis heute im Einsatz sind. Von 1965 bis 1973 beschaffte man weitere 101 DT, nun jedoch in Leichtbauweise aus Aluminium, weshalb sie als Bauart **DL** bezeichnet wurden. Diese konnten mit D-Wagen in einem Zugverband verkehren und wurden am 27. 2. 2005 feierlich verabschiedet, nachdem sie nach und nach von den H-Zügen abgelöst worden waren.

In Ost-Berlin versuchte man in den 1950er Jahren parallel zum West-Berliner D-Wagen einen eigenen Typ für die einzige Großprofillinie zu entwickeln, was jedoch ohne Erfolg blieb. Um den dringenden Fahrzeugbedarf nach dem Bau der Berliner Mauer zu decken, begann man, teils wegen des S-Bahn-Boykotts im Westen nicht mehr benötigte S-Bahn-Wagen für die U-Bahn umzubauen. Die ersten Wagen dieses Typs **E**III kamen im Mai 1963 in den Fahrgasteinsatz auf der Linie E, wodurch es möglich wurde, die dort verkehrenden Kleinprofilzüge an die Linie A, die damals zwischen Thälmannplatz (heute Mohrenstraße) und Pankow/Vinetastraße verkehrte, zurückzugeben. Bis September 1990 wurden auf diese Weise in fünf Serien insgesamt je 86 Trieb- und Beiwagen im RAW Schöneweide hergestellt. Sie waren 17,44 m lang und 2,58 m breit (bei der S-Bahn 3 m!). Wegen ihres hohen Stromverbrauchs und der Unmöglichkeit, sie auf Schienen in die U-Bahn-Hauptwerkstatt Seestraße zu bringen, wurden sie jedoch 1994 aus dem Verkehr gezogen.

Von fast allen früheren Fahrzeuggenerationen sind Museumszüge erhalten, die zu bestimmten Anlässen im Netz unterwegs sind. Andere Utensilien rund um die U-Bahn kann man am zweiten Samstag jedes Monats im U-Bahn-Museum sehen, das im ehemaligen Stellwerk im U-Bahnhof Olympia-Stadion (U2) untergebracht ist [www.ag-berliner-u-bahn.de].

① **D** (Nr. 337-2) – U5 Cottbusser Platz > Hellersdorf (23-04-1992, Maurits van den Toorn) BVB-Anstrich | *BVB livery*

② **E**III (Nr. 1833) – U5 Hönow (16-07-1994, Bernhard Kußmagk) BVG-Anstrich; letzter Einsatztag | *BVG livery; last day of service* + **D** (Nr. 2047) – mit BVB-Anstrich | *in BVB livery*

EIII (Nr. 1952) – U5 Biesdorf-Süd (1994, Olaf Wenke) BVB-Anstrich | *BVB livery*

A3L (Nr. 759; Bj. 1972) – U2 Bülowstraße (11-03-2002)

A3 – neueste Innengestaltung | *most recent interior design* (29-08-2005)

Ⓤ Kleinprofil-Baureihe A3E/A3L

Nachdem auf dem West-Berliner Großprofilnetz bereits seit 1956 die ersten Wagen der Baureihe D erfolgreich im Einsatz waren, wurde ab 1959 ein ähnliches Fahrzeug für das Kleinprofilnetz entwickelt, um nach und nach die Altbaufahrzeuge aus der Anfangszeit der U-Bahn ersetzen zu können. Anders als bei den früheren Zügen, die aus Trieb- und Beiwagen bestanden, setzt sich ein A3-Zug aus maximal vier Doppeltriebwagen (DT) zusammen. Da jeder Einzelwagen nur einen Führerstand hat und die technischen Einrichtungen auf beiden Wagen verteilt sind, stellt ein DT die kleinste einsetzbare Einheit dar. Die Wagenkastenlänge wurde mit 12,53 m so gewählt, dass ein 8-Wagen-Zug die Regelbahnsteiglänge im Kleinprofilnetz von 110 m etwas unterschreitet. Nachdem bereits 1960 zwei Prototypzüge (insg. 8 DT) geliefert worden waren, begann die Serienproduktion von 25 DT bei Orenstein & Koppel im Jahr 1964 (Serie A3 64), gefolgt von 21 DT der Serie A3 66 von Orenstein & Koppel und DWM. Mit einem Ertüchtigungsprogramm wurde die Lebensdauer von 28 DT dieser Serien zwischen 2001 und 2005 um 15-20 Jahre verlängert, diese Wagen tragen seither die Bezeichnung A3E.

Analog zur Baureihe D begann 1966 auch die Auslieferung von einer neuen A3-Version in Leichtbauweise (A3L), wodurch erhebliche Energieeinsparungen möglich waren. In drei Serien entstanden davon bei Orenstein & Koppel bis 1973 insgesamt 118 DT, womit im West-Netz alle Altbaufahrzeuge in den Ruhestand geschickt werden konnten. Da das Kleinprofilnetz nicht mehr weiter ausgebaut wurde, war der Fahrzeugbedarf lange Zeit gedeckt. Erst 1982/83 kamen weitere acht DT hinzu, nun als Serie A3L82, die sich äußerlich etwas von den Vorgängern unterschied und an die Großprofilwagen der Serien F76/79 anlehnte. Außerdem ermöglichte eine neue Fahrsteuerung mit Gleichstromstellern ein sanfteres Anfahren und Bremsen sowie eine Rückspeisung der Bremsenergie ins Netz. Nach dem Fall der Mauer 1989 stiegen die Fahrgastzahlen bei der U-Bahn und im Hinblick vor allem auf die wieder durchgehend befahrene U2 mussten weitere Fahrzeuge angeschafft werden. Die insgesamt 51 DT der Baureihe A3L92 wurden in drei Teillieferungen von 1993 bis 1995 bei ABB Henschel (vormals Waggon-Union) in Berlin hergestellt. Als wichtigste Neuerung weisen sie einen leistungsfähigeren Drehstromantrieb auf.

Ⓤ *Small-profile class A3E/A3L*

With the first trains of class D successfully in operation on the western large-profile network since 1956, a similar vehicle was developed for the small-profile network from 1959 to gradually replace the older rolling stock, which dated back to the early years of the U-Bahn. Unlike previous trains, which consisted of motor cars and trailers, an A3 train is formed by a maximum of four married pairs (DTs). As each single car has only one driver's cab and the technical equipment is distributed between the two cars, a DT is the smallest operable unit. Each car is 12.53 m long, allowing an 8-car train to fit comfortably next to a 110 m platform. With two prototype trains (i.e. 8 DTs) having been delivered in 1960, the serial production of 25 DTs began in 1964 at Orenstein & Koppel (A3 64 series), followed by 21 DTs of the A3 66 series built by Orenstein & Koppel and DWM. 28 DTs of these two series were refurbished between 2001 and 2005 to extend their useful lives by 15-20 years. They are now classified as A3E.

Like class D, a new A3 type was manufactured from 1966 using light materials (A3L) to reduce its energy consumption. By 1973, three series with a total of 118 DTs had been produced by Orenstein & Koppel, allowing the West Berlin U-Bahn to withdraw all its older small-profile rolling stock. As the small-profile network had stopped growing, new trains were not needed for a long time. In 1982/83, 8 DTs (A3L82) with a slightly different design, similar to the large-profile F76/79 trains, were delivered. They were equipped with DC-to-DC converters, resulting in smoother acceleration and braking, and allowing energy recovery. After the Berlin Wall fell in 1989, passenger numbers on the U-Bahn grew, and with the forthcoming through service on line U2, more trains were needed. A total of 51 DTs of the A3L92 series were therefore delivered by ABB Henschel (former Waggon-Union) in three batches between 1993 and 1995. They were equipped with more efficient ac drives.

A3L92 (Nr. 600; Bj. 1994)
– U1 Hallesches Tor (12-03-2007)

GI/1E (Nr. 1078) – akt. Innengestaltung | *current interior design* (12-02-2007)

GI/1E (Nr. 1077, ex 326) – U2 Schönhauser Allee (20-12-2010)

Ⓤ Kleinprofil-Baureihe GI/1E

Auf der einzigen Ost-Berliner Kleinprofillinie Thälmannplatz (ab 1986 Otto-Grotewohl-Str., seit 1991 Mohrenstraße) – Pankow/Vinetastraße waren die Altbauzüge des Typs AI und AII bis in die späten 1980er Jahre im Einsatz. Wegen des kleineren Tunnelprofils konnten auch keine Standardwagen aus Moskau bestellt werden, wie sie sonst fast überall im ehemaligen Ostblock zum Einsatz kamen. Die Entwicklung eines neuen Fahrzeugs begann schon Anfang der 1970er Jahre, ein Prototyp wurde ab 1974 getestet. Dieser war ähnlich den West-Berliner A3-Fahrzeugen als Doppeltriebwagen konzipiert, hatte jedoch statt drei nur zwei Türen pro Wagenseite und nur einen Führerstand pro DT, weshalb faktisch mindestens 4-Wagen-Züge eingesetzt werden mussten. Nach einigen Verbesserungen wurden bei LEW Hennigsdorf zwischen 1978 und 1983 57 DT der Baureihe GI (umgangssprachlich „Gisela") hergestellt. 10 weitere DT gingen 1983 vorerst zur ISAP-Linie in Athen (dort seitlich verbreitert als GII bezeichnet) und kamen erst wieder 1985 nach Ost-Berlin. Nachdem die LEW mehrere Jahre damit beschäftigt war, für Athen eigene, breitere Fahrzeuge vom Typ GIII zu bauen, konnten erst 1986-89 weitere 52 DT (Serie GI/1) auf die ehemalige Linie A geliefert werden, womit nun ausreichend Material für den Ersatz der Altbaufahrzeuge zur Verfügung stand.

Nach zahlreichen Pannen sollten die „Giselas" jedoch bald wieder aus dem Verkehr gezogen werden, 60 DT wurden 1996 an die Metro in Pjöngjang abgegeben. Da die Bestellung von neuen Fahrzeugen vom Typ HK aus Geldmangel vorerst aufgeschoben wurde, entschied sich die BVG schließlich, ab 2005 insgesamt 50 DT der Serie GI/1 zu ertüchtigen, so dass daraus die Serie GI/1E wurde. Dabei wurden jeweils zwei DT dauerhaft ähnlich wie beim HK-Zug zu 4-Wagen-Einheiten gekoppelt und dementsprechend nummeriert. Die „Gisela"-Züge sind heute wie auch die HK-Züge in der Regel nur auf der U2 im Einsatz.

Ⓤ *Small-profile class GI/1E*

On East Berlin's only small-profile line, Thälmannplatz (from 1986 Otto-Grotewohl-Straße, since 1991 Mohrenstraße) – Pankow/Vinetastraße, the old trains of class AI and AII remained in service until the late 1980s. Because of the line's smaller tunnel profile, it was not possible to purchase standard rolling stock from Moscow as most other cities in Eastern Europe did. The planning process for a new type of vehicle began in the early 1970s, and a prototype was tested from 1974 onwards. Like the West Berlin A3 cars, it was conceived as a two-car unit, but with only two doors on each side instead of three, and with only one driver's cab for each two-car set, which meant that trains had to be made up of at least four cars. Incorporating some improvements, LEW Hennigsdorf manufactured 57 DTs of class GI (widely known as 'Giselas') between 1978 and 1983. A further 10 DTs were sent to Athens' ISAP line, where they were fitted with side boards to bridge the gap between train and platform, and classified as GII; they were returned to East Berlin in 1985. As LEW was then busy manufacturing wider trains for Athens (known as the GIII), a further 52 DTs (GI/1 series) were able to be delivered to the East Berlin line only between 1986 and 1989. These trains finally allowed the withdrawal of all the old rolling stock.

After a series of breakdowns it was decided to take the 'Giselas' out of service soon, and 60 DTs were transferred to the Pyong Yang metro. But as the order for new trains of class HK had to be postponed due to a lack of funds, the BVG decided to refurbish a total of 50 GI/1 DTs from 2005, converting them to class GI/1E. Like the HK train, two DTs are now permanently coupled to form a 4-car unit, and are numbered accordingly. Both 'Giselas' and HK trains are generally only in service on line U2.

GI/1 (Nr. 336; Bj. 1988) – U2 Ruhleben (14-01-2002)

HK (Nr. 1002; Bj. 2001) – U2 Mendelssohn-Bartholdy-Park (11-10-2008)

HK (Nr. 1017; Bj. 2007) (22-11-2011)

Ⓤ Kleinprofil-Baureihe HK

Mit der Baureihe H wurde die lange für Berlin typische Zugkomposition aus Doppeltriebwagen verlassen und ein durchgehend begehbarer, nur in der Werkstatt trennbarer Zug entwickelt. Die Version HK für das Kleinprofilnetz hingegen besteht nicht aus einem einzigen achtteiligen Zug, sondern nur aus vier jeweils dauerhaft verbundenen Teilen, so dass ein Zug in der Regel aus zwei 4-Wagen-Einheiten gebildet wird. Die technischen Einrichtungen sind auf die ganze 4-Wagen-Einheit verteilt und durchweg unterhalb des Fahrgastraums angeordnet. Mit den Wagennummern 1001-1004 kamen ab 2001 von ADtranz in Hennigsdorf bei Berlin vier 4-Wagen-Einheiten als Vorserienfahrzeuge zu Testzwecken zum Einsatz. Trotz allgemeiner Zufriedenheit wurde die Bestellung der Serienfahrzeuge (20x4 Wagen; HK06) aus Geldmangel einige Jahre aufgeschoben, so dass diese erst 2007 vom ADtranz-Nachfolger Bombardier geliefert wurden. Anders als die Fahrzeuge der älteren Baureihen A3 und GI bietet der HK-Zug bei einer Fußbodenhöhe von nur 875 mm über Schienenoberkante einen völlig stufenlosen Einstieg.

Die HK-Züge sind normalerweise nur auf der nachfragestärksten Kleinprofillinie, der U2, im Einsatz, können aber auf allen Linien verkehren. Wegen Bauarbeiten an der U2 wurde im Jahr 2011 die Linie U12 eingerichtet, wodurch diese Fahrzeuge auch auf der Hochbahn durch Kreuzberg (siehe Umschlag) zu sehen waren.

Ⓤ Small-profile class HK

With class HK, the traditional Berlin U-Bahn train setup consisting of multiple two-car units was abandoned. An HK unit is instead made up of four cars connected by wide gangways, and they can only be detached in the workshops. Unlike the analogous H train on the large-profile network, which consists of 6 permanently coupled cars, a full-length HK train is made up of two 4-car units. All the technical equipment was placed under the passenger compartment and spread along the entire unit. Starting in 2001, four 4-car sets were delivered (no. 1001-1004) by ADtranz in Hennigsdorf near Berlin to be tested in regular service. Despite the general satisfaction, the final order for 20 4-car sets (HK06 series) was postponed due to a lack of funds. They were finally delivered by Bombardier, the successor of ADtranz, in 2007. Unlike the older trains of class A3 and GI, the floor height on HK trains is only 875 mm above the top of the rail, resulting in a completely level access into the train.

The HK trains are normally in service on the busiest small-profile line, the U2, but they can operate on the other lines, too. Due to construction work on line U2 in 2011, a line U12 was established, which regularly brought HK trains onto the elevated section through Kreuzberg (see book cover).

Länge über Stirnwand 50840

Länge über Kupplung 51590

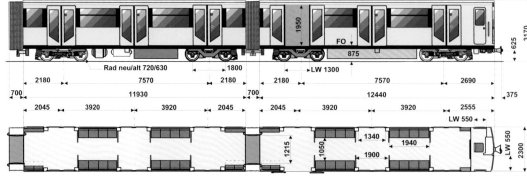

1950   FO   875   3170   625

Rad neu/alt 720/630   1800   LW 1300

2180   7570   2180   2180   7570   2690

700   11930   700   12440   375

2045   3920   3920   2045   2045   3920   3920   2555

LW 550

1215   1050   1340   1940   1900   LW 550   2300

Abb.: BVG

F79.2 (Nr. 2685) – braune Wandverkleidung | *brown wall cladding* (08-12-2011)

F74 (Nr. 2539; Bj. 1974) – U9 Spichernstraße (23-04-2011)

Ⓤ Großprofil-Baureihe F - 1. Generation

Den Großteil der Wagenflotte im Großprofilnetz stellen die F-Züge, von denen im Laufe von 20 Jahren sieben verschiedene Serien ausgeliefert wurden. Sie gleichen in der Konzeption dem Vorgängermodell DL, d.h. es handelt sich um Doppeltriebwagen (DT) in Leichtmetallbauweise, wobei die Wagenkästen 20 cm länger sind. Naturgemäß wurden technische Neuerungen eingearbeitet, wie eine elektronische Thyristorsteuerung oder Einrichtungen für den automatischen Betrieb mit LZB (Linienzugbeeinflussung). Für die West-Berliner Fahrgäste neu war in den F-Zügen die Anordnung der Sitze in Querrichtung wie bei den U-Bahnen in Hamburg, München und Nürnberg.

Die 28 DT der Serie F74 entstanden noch bei Orenstein & Koppel und können auch äußerlich leicht von den späteren Serien durch ihre leicht abgeschrägte Front unterschieden werden. Die ersten Wagen hatten noch eine Aufteilung in Raucher/Nichtraucher, bevor das Rauchen in den U-Bahn-Zügen 1974 untersagt wurde. Ab 1976 folgten 41 DT der Serie F76, wovon bereits etwa ein Drittel bei der Waggon-Union hergestellt wurde, mit gerader Front und mit leicht in die Seitenfläche gezogen Führerstandsfenstern. Weitgehend baugleich waren die Nachfolgeserien F79.1 (17 DT von der Waggon-Union) und F79.2 (20 DT von Orenstein & Koppel). Als F79.3 bezeichnete man sechs DT, in denen der Drehstromantrieb getestet wurde, die jedoch bis 2003 wieder aus dem Verkehr gezogen wurden.

Acht DT der Serie F79 wurden 2009 modernisiert und mit Drehstrommotoren ausgerüstet und fahren seither als Shuttle-Züge auf der isolierten Linie U55. Später wurde damit begonnen, sämtliche Fahrzeuge der ersten Generation von F-Zügen in derselben Weise zu erneuern.

Ⓤ *Large-profile class F - First generation*

The largest part of the large-profile fleet belongs to class F, which was delivered over a period of 20 years in seven different series. The F trains have a setup similar to that of their predecessors, the DL, i.e. married pairs (DTs) with lightweight, but 20 cm longer car bodies. Several technological innovations, such as electronic thyristor control or equipment for automatic driving, were, of course, incorporated. For West Berlin passengers, the transverse seating arrangement was a novelty, although this had already been used on other U-Bahn systems in Germany, notably in Hamburg, Munich and Nuremberg.

The first 28 DTs of the F74 series were still manufactured by Orenstein & Koppel, and can easily be distinguished from the later series by their slightly inclined front. A few cars were still delivered with smoking and non-smoking sections before smoking was banned on trains in 1974. 41 DTs of the F76 series followed from 1976, with about one-third being delivered by Waggon-Union. The F76 cars had a straight front and the driver's cab window was wrapped around the corner. The following series F79.1 (17 DTs made by Waggon-Union) and F79.2 (20 DTs made by Orenstein & Koppel) were much the same as the F76. Six DTs were built as F76.3's equipped with three-phase asynchronous motors, but by 2003 they had been withdrawn from service.

8 two-car sets of the F79 series were modernised in 2009 and equipped with ac drives to operate on the isolated U55 shuttle. Later a programme was launched to refurbish all first-generation F units in the same way.

F79.1 – U55 – neue Innengestaltung | *new interior design* (29-10-2009)

F79.1 (Nr. 2658; Bj. 1981) – U55 Hauptbahnhof (18-08-2009)

F90 (Nr. 2870; Bj. 1990) – U6 Alt-Tegel (01-09-2011)

F92 (Nr. 2919) – graue Wandverkleidung | *grey wall cladding* (08-12-2011)

Ⓤ Großprofil-Baureihe F - 2. Generation

Die ab 1984/85 bei der Waggon-Union gebauten F-Züge hätten auch eine eigene Baureihenbezeichnung verdient, denn schließlich wiesen sie zahlreiche Neuerungen auf, auch wenn sie äußerlich den Vorgängerserien sehr ähnlich waren. Der wichtigste Unterschied war der Drehstromantrieb, wodurch ein wartungsarmer und energiesparender Betrieb erreicht wurde. An der Fahrzeugfront können die neueren Züge durch ein schwarzes Fensterband unterschieden werden, an den Seiten fallen die Schwenkschiebetüren anstelle der früheren Taschen-schiebetüren auf.

Nach den ersten 39 DT der Serie F84 folgten 21 DT der Serie F87. Durch sie konnten die älteren Wagen der Baureihe D aus den 1950er Jahren abgestellt werden. Anfang der 1990er Jahre wurden von diesem beliebten und robusten Fahrzeug noch zwei weitere Serien ausgeliefert: 30 DT als F90 und bis 1993 54 DT des F92. Als Hersteller firmierte nun ABB Henschel, eine Firma, die 1990 die Waggon-Union übernommen hatte und später in ADtranz aufging.

Ⓤ Großprofil-Baureihe H

Mit dem H-Zug hielt eine völlig neue U-Bahn-Generation Einzug in Berlin. Man folgte dem weltweiten Trend und entwickelte einen durchgehend begehbaren, fast 100 m langen Zug, dessen einzelne Wagen nur in der Betriebswerkstatt voneinander getrennt werden können. Der Vorteil dieser Wagenzusammen-stellung ist einerseits, dass sich die Fahrgäste im Zug besser verteilen können, andererseits ist die soziale Kontrolle besser.

Ⓤ *Large-profile class F - Second generation*

The F trains manufactured by Waggon-Union from 1984/85 might have deserved a separate class designation, as they included numerous technological novelties, although their exterior look is rather similar to the preceding series. The most significant change was the use of ac drives (three-phase asynchronous motors), which require less maintenance and reduce energy consumption. At the front of the train, these new cars can be distinguished by a black ribbon around the driver's cab windows. Instead of the former sliding 'pocket' doors, they now had outward sliding plug doors.

The first batch of 39 DTs, which belonged to the F84 series, was followed by another 21 DTs of the F87 series. These trains replaced the older vehicles of class D, which dated from the 1950s. In the early 1990s, two further series of this popular and reliable vehicle were delivered: 30 DTs of the F90 series, and in 1993, 54 DTs of the F92 series. At that time, ABB Hen-schel was quoted as the manufacturer, a company that took over Waggon-Union in 1990 and later became part of ADtranz.

Ⓤ *Large-profile class H*

With the H train, a completely new generation of U-Bahn roll-ing stock came to Berlin. Keeping in line with the worldwide trend, an almost 100 m long train was designed, composed of six permanently coupled cars connected by wide gangways to allow free passenger intracirculation. The six sections can only be separated in the workshops. The advantage of this type of setup is that passengers can spread more evenly

H (Nr. 5040; Bj. 2001) (13-04-2009) – stufenloser Einstieg | *step-free entry*

H-Zug zerteilt | *split-up H train* – Bw Seestraße (07-09-2008)

H (Nr. 5035; Bj. 2001) – akt. Innenraum | *current interior design* (14-02-2002)

H (Nr. 5028; Bj. 2000) – U5 Biesdorf-Süd > Tierpark (08-09-2009)

Als Nachteil wird angeführt, dass der Zug in Schwachlast-zeiten nicht gekürzt werden kann und somit halb leer verkehrt, weshalb zu diesen Zeiten meist nur F-Züge aus vier Wagen eingesetzt werden. Zur Steigerung der Kapazität durch ein erhöhtes Stehplatzangebot wurde der H-Zug wieder mit längs angeordneten Sitzbänken ausgeliefert. Optisch unterscheidet sich der H-Zug wesentlich von den Vorgängertypen durch seine Glasfront, den sonnengelben Anstrich sowie die weit nach unten verglasten Türen. Wie beim kleinen Bruder HK ist beim H-Zug ein völlig stufenloser Einstieg möglich (Fußbodenhöhe 950 mm über Schienenoberkante).

Nachdem ab 1996 zwei von ABB Henschel in Berlin-Borsig-walde gebaute Prototypen (H95) getestet wurden, folgte die erste Serienlieferung von 24 6-Wagen-Zügen (H97) bereits 1998/99, nun von ADtranz in Berlin-Pankow. Die zweite Serie mit 20 H-Zügen (H00) entstand schließlich von 2001 bis 2002 bei ADtranz (seit 2001 Bombardier) in Hennigsdorf nördlich von Berlin. Auch wenn die H-Züge von Anfang an vermehrt auf der Linie U5 zu sehen waren, kommen die Fahrgäste aller Groß-profillinien in den Genuss, mit diesen neuartigen Fahrzeugen zu fahren.

Die beiden Vorserienzüge wurden in den Jahren 1999/2000 als Testfahrzeuge für den fahrerlosen Betrieb ausgewählt, der unter dem Projektnamen STAR (Systemtechnik für den automatischen Regelbetrieb) ohne Fahrgäste im Bereich des U-Bahnhofs Biesdorf-Süd auf der U5 stattfand. Die Umstellung von konventionellem auf fahrerlosen U-Bahn-Betrieb wurde jedoch schließlich statt in Berlin bei der Nürnberger U-Bahn umgesetzt.

inside the entire train, while increasing social control and thus reducing crime. The major disadvantage is that trains cannot be shortened during periods of less demand and often run half-empty; the BVG therefore operates 4-car F trains in the early mornings and late evenings. To increase the overall capacity by adding more room for standees, the H train returned to the longitudinal seating arrangement. Visually, the H train is quite different from any previous train, boasting a large glass front, a light yellow livery and doors with windows almost reaching the floor. Like its little brother HK, the H train allows step-free entry, having a floor height of 950 mm above the top of the rail.

ABB Henschel in Berlin-Borsigwalde delivered two proto-type trains in 1996 (H95 series), with the first batch of the se-rial production, which included 24 six-car trains (H97), being manufactured by ADtranz at Berlin-Pankow in 1998/99. The second batch, which consisted of 20 trains (H00 series), was produced in 2001/2002 in Hennigsdorf, initially still under the ADtranz brand, but later as Bombardier. Although the H trains have been most frequently in service on line U5 from the beginning, passengers on the other large-profile lines can also regularly enjoy a ride on them.

The two prototypes were chosen in 1999/2000 for driverless operation, which was tested as part of the STAR (Systemtech-nik für den automatischen Regelbetrieb) scheme in the area of Biesdorf-Süd station on line U5, but without passengers. Instead of Berlin, however, the upgrading from conventional to driverless operation later became a reality in Nuremberg.

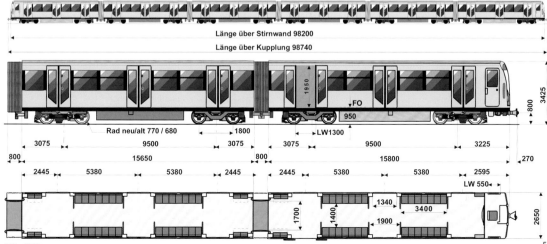

Länge über Stirnwand 98200
Länge über Kupplung 98740

Rad neu/alt 770 / 680

Abb.: BVG

Jannowitzbrücke (20-09-2011) – Die viergleisige Trasse der Stadtbahn verläuft östlich des S-Bahnhofs Jannowitzbrücke direkt an der Spree. Im Hintergrund sind der Fernsehturm und das Rote Rathaus zu sehen, im Bürogebäude rechts ist heute die Hauptverwaltung der BVG untergebracht.
– *East of S-Bahn station Jannowitzbrücke, the four-track Stadtbahn runs adjacent to the River Spree; in the background, the TV tower and the Rotes Rathaus [red city hall], while the office complex to the right now houses the BVG headquarters.*

Berliner S-Bahn

Neben der U-Bahn verfügt Berlin mit der S-Bahn über ein zweites städtisches Schnellbahnnetz. Anders als bei vielen S-Bahnen, deren Aufgabe eher in der Verbindung einer Großstadt mit der Region liegt, dient die Berliner S-Bahn vorwiegend als innerstädtisches Verkehrsmittel. Sie erfüllt außerdem alle Kriterien einer richtigen *Metro*, denn sie fährt durchweg auf eigenen Gleisen, oft parallel zur Fern- bzw. Regionalbahn. Die mittleren Bahnhofsabstände innerhalb Berlins sowie die auf den einzelnen Strecken angebotenen Zugfolgen sind mit denen von U-Bahnen vergleichbar. Die Berliner S-Bahn wird mit Gleichstrom (750 V) betrieben, der über eine seitliche, von unten bestrichene Stromschiene zugeführt wird. An mehreren Punkten gibt es dennoch klassische Bahnübergänge.

Das Berliner S-Bahn-Netz, das mindestens bis 2017 von der *S-Bahn Berlin GmbH*, einer Tochterfirma der *Deutschen Bahn AG*, betrieben wird, besteht derzeit aus 15 Linien, deren Verlauf sich in den letzten Jahren wiederholt verändert hat. Das Netz gliedert sich in drei Teilnetze:
1) **Stadtbahn** (Ost-West: S3, S5, S7, S75, S9*)
2) **Nord-Süd-Bahn** (S1, S2, S25, S8, S85, S9*)
3) **Ringbahn** (S41, S42, S45, S47, S46, S8, S85, S9*)
Daran schließen sich jeweils verschiedene Außenäste an, wobei die Linien S8, S85 und S9* von einem Teilnetz auf ein anderes übergehen. Für das Ringbahn-Teilnetz (S41, S42, S46, S47, S8) findet derzeit ein Ausschreibungsverfahren für den Betrieb ab 2017 statt.

The Berlin S-Bahn

Besides the Berlin U-Bahn, the S-Bahn is also an urban rapid transit system. While other S-Bahn systems were mainly designed to link large cities with their surrounding areas, the Berlin S-Bahn is primarily an intra-urban network. It complies with all the criteria which define a metro system: dedicated tracks (often running parallel to mainline tracks); the average station distances within the city boundaries and the train intervals are typical for metros; the power supply of 750 V dc is taken from the lower side of a third rail. Despite the power rail, the S-Bahn system has several conventional level crossings.

The Berlin S-Bahn system will be operated by the 'S-Bahn Berlin GmbH', a subsidiary of 'Deutsche Bahn AG', at least until 2017. The network consists of 15 lines, which have been modified repeatedly in recent years. The network can be divided into three sub-networks or trunk routes:
1) **Stadtbahn** [city railway] (east-west: S3, S5, S7, S75, S9*)
2) **Nord-Süd-Bahn** (north-south: S1, S2, S25, S8, S85, S9*)
3) **Ringbahn** (circular: S41, S42, S45, S46, S47, S8, S85, S9*)
Several branches are connected to these trunk routes, with lines S8, S85 and S9* switching routes at some point. A tendering process is currently taking place for the operation of the Ringbahn sub-system (S41, S42, S46, S47, S8) after 2017.

Today's S-Bahn network has a total length of 339 km (including the new airport extension), with only about 86 km lying outside the city limits, in the neighbouring State of Brandenburg. Within Berlin, all routes provide a minimum

---

* Nach Beendigung der Umbauarbeiten am Ostkreuz soll die S9 wieder vom Flughafen über die Stadtbahn nach Spandau verkehren.

* Once reconstruction at Ostkreuz has been concluded, line S9 will return to its route from the airport to Spandau via the Stadtbahn.

Das heutige S-Bahn-Netz umfasst mit der neuen Flughafenverlängerung 339 Streckenkilometer, wovon nur ca. 86 km außerhalb Berlins im benachbarten Bundesland Brandenburg liegen. Während innerhalb Berlins mit Ausnahme der eingleisigen Strecken nach Tegel und nach Spindlersfeld überall mindestens ein 10-Minuten-Takt angeboten wird, fahren die S-Bahnen außerhalb Berlins meist alle 20 Minuten. Wochentags verkehren die S-Bahnen von 4:00 bis ca. 1:00, an Wochenenden wird auf den meisten Strecken nachts durchgehend ein 15- bzw. 30-Minuten-Takt angeboten. Während bei der Berliner U-Bahn bereits in den 1990er Jahren die Zugabfertiger von den Bahnsteigen verschwunden sind und die Züge nun von den Fahrern selbst abgefertigt werden, erfolgte dieser Umstellungsprozess bei der S-Bahn erst in den vergangenen Jahren. An wichtigen Bahnhöfen sind die Abfertigerkanzeln weiterhin mit Personal besetzt.

Das 1930 eingeführte S-Bahn-Zeichen ist in unterschiedlichen Formen zu finden.
– *The S-Bahn logo, introduced in 1930, can be found in many different shapes.*

10-minute service, except the single-track branches to Tegel and Spindlersfeld, where, like on the outer sections, only a 20-minute service is possible. On weekdays, the S-Bahn operates from 04:00 a.m. until 01:00 a.m., with a 15 or 30-minute night service being provided on most routes at weekends. Whereas train dispatchers disappeared from Berlin's U-Bahn stations during the 1990s and trains are now dispatched by the drivers themselves, the S-Bahn has only withdrawn dispatchers in recent years, although they remain on duty at the busier stations.

S-Bahn***

331 km (ca. 7,5 km unterirdisch | *underground*)
171 Bahnhöfe | *stations*

08-07-1903 [Potsdamer Ringbf. –] Yorckstraße – Lichterfelde Ost
08-08-1924 Nordbahnhof – Bernau
05-06-1925 Gesundbrunnen – Birkenwerder
04-10-1925 Birkenwerder – Oranienburg
16-03-1927 Schönholz – Hennigsdorf [– Velten]
11-06-1928 Potsdam Hbf – Charlottenburg – Ostkreuz – Erkner
11-06-1928 Ostkreuz – Kaulsdorf
23-08-1928 Charlottenburg – Spandau
06-11-1928 [Charlottenburg –] Halensee – Ostkreuz (via Schöneberg)
06-11-1928 Treptower Park/Neukölln – Grünau
10-12-1928 + Westkreuz (Stadtbahn)
01-02-1929 [Charlottenburg –] Messe Nord/ICC – Ostkreuz
        (via Gesundbrunnen)
01-02-1929 Schöneweide – Spindlersfeld
18-04-1929 Halensee – Westend (+ Westkreuz)
02-07-1929 [Potsdamer Ringbf. –] Yorckstraße – Lichterfelde Ost**
15-12-1930 Kaulsdorf – Mahlsdorf
15-05-1933 [Wannseebf. –] Yorckstraße – Wannsee
01-07-1933 + Innsbrucker Platz
01-07-1934 + Sundgauer Straße
31-01-1935 + Humboldthain
01-10-1935 + Bornholmer Straße
28-07-1936 Nordbahnhof – Unter den Linden
15-04-1939 Unter den Linden – Potsdamer Platz
15-05-1939 Priesterweg – Mahlow
09-10-1939 Potsdamer Platz – Anhalter Bahnhof [– Yorckstraße S1]
06-11-1939 Potsdamer Platz – Anhalter Bahnhof [– Yorckstraße S2]
06-10-1940 Mahlow – Rangsdorf
09-08-1943 Lichterfelde Ost – Lichterfelde Süd
11-07-1945 + Betriebsbahnhof Schöneweide
15-05-1946 + Buckower Chaussee
07-03-1947 Mahlsdorf – Hoppegarten
05-01-1948 + Betriebsbhof Rummelsburg
01-09-1948 Hoppegarten – Fredersdorf
31-10-1948 Fredersdorf – Strausberg
08-10-1950 + Blankenfelde
30-04-1951 Grünau – Königs Wusterhausen
03-06-1956 + Plänterwald
03-06-1956 Strausberg – Strausberg Nord
13-08-1961 [X] Gesundbrunnen – Schönhauser Allee, Sonnenallee –
        Treptower Park, Köllnische Heide – Baumschulenweg,
        Lichtenrade – Rangsdorf, Wannsee – Potsdam Hbf., Heiligen-
        see – Velten, Frohnau – Hohen Neuendorf
19-11-1961 Blankenburg – Hohen Neuendorf (via Schönfließ)

26-02-1962 Adlershof – Flughafen Schönefeld
27-05-1962 + Bergfelde, + Grünbergallee
30-12-1976 Friedrichsfelde Ost – Marzahn
28-09-1979 + Poelchaustraße
28-09-1980 [X] Westkreuz – Spandau, Anhalter Bahnhof – Wannsee,
        Gesundbrunnen – Sonnenallee/Köllnische Heide
15-12-1980 Marzahn – Mehrower Allee
30-12-1982 Mehrower Allee – Ahrensfelde
09-01-1984 Übergabe des Westnetzes an die BVG:
        Transfer of the western network to the BVG:
        Friedrichstraße – Charlottenburg
        Anhalter Bahnhof – Lichtenrade
01-05-1984 Anhalter Bahnhof – Gesundbrunnen*
        Charlottenburg – Wannsee*
02-09-1984 + Mühlenbeck-Mönchmühle
01-10-1984 Gesundbrunnen – Frohnau*
05-10-1984 + Hegermühle
20-12-1984 Springpfuhl – Hohenschönhausen
01-02-1985 Anhalter Bahnhof – Wannsee*
20-12-1985 Hohenschönhausen – Wartenberg
01-07-1989 + Wuhletal
02-07-1990 Friedrichstraße > durchgehender Ost-West-Betrieb
        > *through east-west service*
01-04-1992 Wannsee – Potsdam Hbf*
31-05-1992 Frohnau – Hohen Neuendorf*
31-08-1992 Lichtenrade – Blankenfelde* (+ Schichauweg)
21-12-1992 + Birkenstein
17-12-1993 Westend – Baumschulenweg (via Schöneberg)*
28-05-1995 Priesterweg – Lichterfelde Ost*
28-05-1995 Schönholz – Tegel*
15-04-1997 Westend – Jungfernheide*
18-12-1997 Neukölln – Treptower Park via Sonnenallee*
30-09-1997 + Bernau-Friedensthal
16-01-1998 Westkreuz – Pichelsberg*
25-09-1998 Lichterfelde Ost – Lichterfelde Süd* (+ Osdorfer Straße)
15-12-1998 Tegel – Hennigsdorf*
30-12-1998 Pichelsberg – Spandau*
19-12-1999 Jungfernheide – Westhafen*
17-09-2001 Gesundbrunnen – Pankow/Schönhauser Allee*
16-06-2002 Westhafen – Gesundbrunnen*
24-02-2005 Lichterfelde Süd – Teltow Stadt
02-05-2008 + Julius-Leber-Brücke
        (2015 Schönefeld – Flughafen Berlin-Brandenburg)
        (2017/2018 Westhafen/Wedding – Hauptbahnhof)

[X] Streckenschließung | *Line closure*
+   Bahnhof auf bestehender Strecke eingefügt | *Station added on existing line*
*   Wiederinbetriebnahme | *Reopening*
** Systemanpassung | *Upgrade to present system*
*** Heute nicht mehr vorhandene Strecken bleiben unberücksichtigt.
    Routes no longer existing are not included in this list.

⑤ Entwicklung des S-Bahn-Netzes

Die meisten S-Bahn-Strecken gehen auf Eisenbahnstrecken zurück, die im Laufe des 19. Jahrhunderts in alle Richtungen gebaut wurden. Die erste Eisenbahn Preußens fuhr 1838 von Berlin nach Potsdam (sog. Stammbahn), 1840 folgte die Anhalter Bahn über Lichterfelde Ost, 1842 die Berlin-Frankfurter Eisenbahn (später Niederschlesisch-Märkische Eisenbahn) über Erkner sowie die Stettiner Bahn über Bernau, 1846 die Berlin-Hamburger Bahn über Spandau und Nauen. Zwei Jahrzehnte später, nämlich 1866, folgte die Görlitzer Bahn über Königs Wusterhausen, 1867 die Preußische Ostbahn über Strausberg, 1871 die Lehrter Bahn über Spandau und Wustermark, 1875 die Dresdner Bahn über Lichtenrade, 1877 die Berliner Nordbahn über Oranienburg, 1879 die Wetzlarer Bahn durch den Grunewald, 1893 die Kremmener Bahn über Hennigsdorf und schließlich 1898 die Wriezener Bahn über Ahrensfelde, wobei fast jede Strecke bis Anfang der 1950er Jahre in Berlin ihren eigenen Kopfbahnhof hatte, ähnlich wie die Bahnen in Paris oder London heute noch.

Mit Zunahme des Fahrgastaufkommens wurden meist parallel zu den Fernbahnstrecken eigene Gleise für die Vorortbahnen verlegt. Mit dem Bau der sog. „Stadtbahn" (nicht zu verwechseln mit dem modernen Begriff *Stadtbahn* als Mischsystem zwischen U-Bahn und Straßenbahn wie im Ruhrgebiet bzw. als moderne Straßenbahn) von Ost nach West quer durch die Innenstadt entstand bereits 1882 die bis heute

⑤ *Origins of the S-Bahn System*

Most S-Bahn routes were developed from the mainline routes which began radiating from Berlin in all directions in the course of the 19th century. The first Prussian railway started running from Berlin to Potsdam in 1838 ('Stammbahn'), and was followed by the Anhalter Bahn via Lichterfelde Ost in 1840, the Berlin-Frankfurter Eisenbahn (later Niederschlesisch-Märkische Eisenbahn) via Erkner as well as the Stettiner Bahn via Bernau in 1842, and the Berlin-Hamburger Bahn via Spandau and Nauen in 1846. The Görlitzer Bahn via Königs Wusterhausen followed two decades later in 1866, the Preußische Ostbahn via Strausberg in 1867, the Lehrter Bahn via Spandau and Wustermark in 1871, the Dresdner Bahn via Lichtenrade in 1875, the Berliner Nordbahn via Oranienburg in 1877, the Wetzlarer Bahn through the Grunewald in 1879, the Kremmener Bahn via Hennigsdorf in 1893, and finally the Wriezener Bahn via Ahrensfelde in 1898. Almost each railway departed from its own terminal station in Berlin until the early 1950s, much like the numerous railway termini still found today in Paris and London.

As passenger numbers increased, separate parallel tracks were laid for local traffic. With the opening of the so-called 'Stadtbahn', which refers to hybrid tram/metro systems, such as those in the Ruhr area, and modern light rail systems) from east to west through the city centre in 1882, what is still Ber-

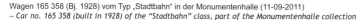

Wagen 165 358 (Bj. 1928) vom Typ „Stadtbahn" in der Monumentenhalle (11-09-2011)
– *Car no. 165 358 (built in 1928) of the "Stadtbahn" class, part of the Monumentenhalle collection*

wichtigste Ost-West-Achse im Berliner Nahverkehr. Nachdem 1901/02 ein 11-monatiger Probebetrieb auf der Wannseebahn bis Zehlendorf mit umgebauten elektrischen Triebwagen und seitlicher Stromschiene durchgeführt worden war, begann am 8. Juli 1903 ein regelmäßiger elektrischer Betrieb (550 V Gleichstrom/Stromschiene) mit neuen Wagen auf der 9 km langen Vorortbahnstrecke zwischen dem ehemaligen Potsdamer Ringbahnhof (nahe Potsdamer Platz) und Lichterfelde Ost. Bei den Zügen handelte es sich um Abteilwagen mit 9-11 Türen pro Seite je nach Klasse, ähnlich denen, die man bis vor einigen Jahren auf den Londoner Vorortbahnen erleben konnte.

Trotz des Erfolgs der Lichterfelder Bahn ließ die allgemeine Elektrifizierung der Vorortbahnen auf sich warten, nicht zuletzt durch den Ausbruch des Ersten Weltkriegs im Jahr 1914. Der moderne S-Bahn-Betrieb nach dem heutigen System begann schließlich 1924 auf der Strecke nach Bernau. Bis 1929 wurden die meisten Strecken mit Stromschienen ausgerüstet und seit 1930 wird der Begriff „S-Bahn" verwendet, wobei nie klar definiert wurde, ob das ‚S' für *Stadt*, für *schnell* oder für beides steht.

S Die S-Bahn in der geteilten Stadt
Nach dem Zweiten Weltkrieg (die Kriegsschäden bei der S-Bahn wurden bis 1947 weitgehend beseitigt) wurde Berlin von den Siegermächten zwar in vier Sektoren aufgeteilt, das Bahnnetz, und somit auch die S-Bahn, verblieb als einheitliches Netz unter der Verwaltung der *Reichsbahn der sowjetischen Besatzungszone*, ab 1949 *Reichsbahn der DDR*. Wie bei der

lin's main east-west axis was established. In 1901/02, electric operation was tested over a period of 11 months on the Wannseebahn between Berlin and Zehlendorf with converted rolling stock and a third-rail power supply. Regular electric service (500 V dc/third rail), however, was launched on 8 July 1903 with new electric vehicles on the 9 km route from the former Potsdamer Ringbahnhof (at Potsdamer Platz) to Lichterfelde Ost. The trains were made of compartment stock with 9-11 doors on each side, similar to the slam-door trains in operation in South London until some years ago.

Despite the generally positive results with electric traction, the electrification of the suburban rail system did not start until after World War I. Modern S-Bahn operation finally began in 1924 on the route to Bernau. By 1929, most routes had been equipped with power rails, and since 1930, the term 'S-Bahn' has been used. It has never been clarified whether the S stands for 'Stadt' [city], 'schnell' [fast] or both.

S The S-Bahn in the Divided City
After World War II (most war damage had been cleared by 1947), Berlin was divided by the allied forces into four sectors. The railway system, however, and thus also the S-Bahn network, remained under the exclusive control of the 'Reichsbahn of the Soviet Occupation Zone', from 1949 the 'Reichsbahn of the GDR'. Like on the U-Bahn, trains kept running from East to West, with passenger checks being carried out on the trains. When the Berlin Wall was erected on 13 August 1961, all S-Bahn links between East and West Berlin, as well

Geteiltes S-Bahn-Netz im Jahr 1972, mit noch nicht elektrifizierten „Sputnik"-Strecken um West-Berlin herum. Realitätsgetreu liegt der S-Bahnhof Wollankstraße in Ost-Berlin, ist aber nur West-Berliner Fahrgästen zugänglich. Eine isolierte S-Bahn-Strecke wird noch bis 1983 zwischen Hennigsdorf und Velten betrieben.
– Divided S-Bahn network in 1972, with still non-electrified "Sputnik" routes around West Berlin. As in reality, S-Bahn station Wollankstraße is shown as located in East Berlin, although it is only accessible for West Berlin passengers. The isolated S-Bahn route between Hennigsdorf and Velten was operated until 1983.

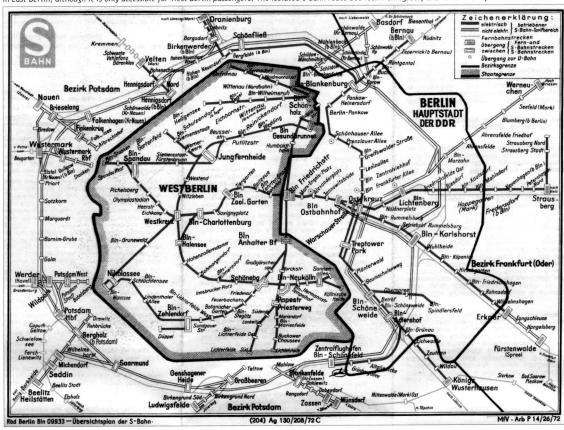

① **Ostkreuz > Frankfurter Allee** (14-07-1990) – Im ersten Sommer nach dem Mauerfall fährt dieser Zug der BR 277 am Ostkreuz ein, links ist die noch heute gebräuchliche mechanische Fahrsperre zu sehen. (Bernhard Kußmagk).
– *In the first summer after the collapse of the Berlin Wall, a train of class 277 arrives at Ostkreuz; on the left, a mechanical trainstop, like those still in use today, is visible.*

② **Ostkreuz** (14-07-1990) – Zug der BR 275 am stark gekrümmten Bahnsteig A, der bis 2009 von der Linie S9 stadteinwärts benutzt wurde. (Bernhard Kußmagk)
– *S-Bahn train of class 275 at the curved platform A, which was used by inbound S9 trains until 2009.*

③ **Yorckstraße** (08-01-1984) – Am letzten Tag der West-Berliner S-Bahn unter Reichsbahn-Verwaltung wird ein Halbzug Richtung Frohnau abgefertigt. (Bernhard Kußmagk).
– *On the last day of Reichsbahn operation in West Berlin, a half-length S-Bahn train is being dispatched on a service to Frohnau.*

U-Bahn fuhren die Züge zunächst weiterhin von West nach Ost und umgekehrt, Personenkontrollen fanden in den Bahnen statt. Mit dem Bau der Berliner Mauer am 13. August 1961 wurden jedoch sämtliche Verbindungen zwischen Ost- und West-Berlin sowie zwischen West-Berlin und dem Umland unterbrochen, der Betrieb des West-Berliner Teilnetzes blieb jedoch weiterhin in den Händen der DDR-Reichsbahn, weshalb die S-Bahn fortan von den West-Berlinern boykottiert wurde. Im Gegenzug investierte die Reichsbahn wenig im Westen, so dass die Anlagen und Bahnhöfe im Laufe der Jahre immer mehr verkamen. Nach einem Eisenbahnerstreik 1980 wurden große Teile des West-Berliner Netzes stillgelegt, bis dieses 1984 schließlich an den West-Berliner Senat übergeben wurde, der die BVG mit dem Betrieb beauftragte. Von 1984 bzw. 1985 bis 1990 verkehrten in West-Berlin die Linien S1 (Anhalter Bahnhof – Wannsee), S2 (Frohnau – Anhalter Bahnhof – Lichtenrade) und S3 (Friedrichstraße – Zoologischer Garten – Wannsee) mit einer Gesamtnetzlänge von 71,5 km.

Im Ostteil der Stadt, wo bis zur Wiedervereinigung keine Liniennummern benutzt wurden, gab es inzwischen mehrere Streckenerweiterungen, z.B. nach Königs Wusterhausen, zum Flughafen Schönefeld und zu den Neubaugebieten in Marzahn und Hohenschönhausen. Die S-Bahn mit einer Gesamtstreckenlänge von 173,8 km bildete hier zusammen mit der Straßenbahn das Rückgrat des öffentlichen Nahverkehrs, während West-Berlin auf den Ausbau des U-Bahn-Netzes setzte.

as between West Berlin and the surrounding region, were severed. The West Berlin S-Bahn, however, continued to be operated by the GDR Reichsbahn, and it was therefore boycotted by West Berliners. In return, the Reichsbahn invested little in the maintenance of stations and tracks, and the infrastructure deteriorated severely over the years. After a railway workers' strike in 1980, most of the West Berlin routes were closed, and in 1984 the western network was finally handed over to the West Berlin city administration. Operation was then taken over by the BVG, which from 1984/85 until 1990 operated three lines in West Berlin: S1 (Anhalter Bahnhof – Wannsee), S2 (Frohnau – Anhalter Bahnhof – Lichtenrade) and S3 (Friedrichstraße – Zoologischer Garten – Wannsee), with a total route length of 71.5 km.

In East Berlin, where no line numbers had been used until the city's reunification, the network was expanded, e.g. to Königs Wusterhausen, to Schönefeld Airport, and to the new housing estates in Marzahn and Hohenschönhausen. Together with the tram, the S-Bahn, with a total route length of 173.8 km, formed the backbone of the urban transport system in East Berlin, whereas West Berlin concentrated on the expansion of the U-Bahn system.

Charlottenburg (18-10-1997) – Im letzten Einsatzjahr der BR 475 ist ein Vollzug der S5 aus Strausberg kommend in Charlottenburg angekommen. (B. Kußmagk).
– *This class 475 full-length train, on an S5 service from Strausberg, has just arrived at its Charlottenburg terminus in its last year of service.*

⑤ Die S-Bahn seit der Wiedervereinigung

Nach dem Fall der Mauer am 9. November 1989 war der Andrang auf die S-Bahn sehr groß, ein durchgehender Betrieb auf der Stadtbahn konnte jedoch erst am 2. Juli 1990 nach Einführung einer gemeinsamen Währung und Abschaffung der Grenzkontrollen eingeführt werden. Die Geisterbahnhöfe der Nord-Süd-Bahn wurden bis auf Potsdamer Platz, wo die Züge erst wieder 1992 hielten, im Laufe der zweiten Jahreshälfte 1990 wiedereröffnet. Nach der Wiedervereinigung am 3. Oktober 1990 wurde der Wiederaufbau der geschlossenen Strecken und die Sanierung der bestehenden als vorrangig eingestuft, vor allem gegenüber neuen U-Bahn-Strecken. Bis auf kürzere Zweigstrecken (z.B. nach Gartenfeld oder Düppel) konnte bis 2002 das Netz von 1961 weitgehend wiederhergestellt werden. Inzwischen war auch der Betrieb der S-Bahn zusammengeführt worden. Am 1. Januar 1994 vereinigten sich *Deutsche Reichsbahn* (Ost) und *Deutsche Bundesbahn* (West) zur *Deutsche Bahn AG*, ein Jahr später wurde als Tochterunternehmen die *S-Bahn-Berlin GmbH* gegründet.

2005 wurde eine 2,9 km lange Verlängerung von Lichterfelde Süd ins brandenburgische Teltow in Betrieb genommen. Zum Anschluss des neuen Flughafens Berlin-Brandenburg (BER) wurde bis 2012 die 1962 erbaute Strecke um 7,8 km verlängert und endet nun direkt unter dem neuen Terminal-Gebäude, doch verschiebt sich aufgrund der Verzögerungen beim Bau des Flughafens die Inbetriebnahme des Bahnhofs auf unbestimmte Zeit. Im unterirdischen Bahnhof werden auf eigenen Durchgangsgleisen auch Regional- und einige wenige Fernzüge halten.

Im Sommer 2011 begannen offiziell die Bauarbeiten am ersten Abschnitt der sogenannten S21. Dabei handelt es sich

⑤ The S-Bahn after Reunification

After the fall of the Berlin Wall on 9 November 1989, the S-Bahn had to cope with an increasing number of passengers. Through service on the Stadtbahn, however, only became possible from 2 July 1990, once a common currency had been introduced and border controls abolished. The 'ghost' stations on the north-south route were reopened in the second half of 1990, except Potsdamer Platz, which remained closed until 1992. After the city's reunification on 3 October 1990, the reconstruction of the abandoned routes and the upgrading of the existing ones were given priority over new U-Bahn extensions. Except for some branches, like those to Gartenfeld and Düppel, by 2002 the S-Bahn network had been rebuilt to what it was in 1961. In the meantime, the S-Bahn in the East and West had been operated jointly, and on 1 January 1994, the former eastern Reichsbahn and western Deutsche Bundesbahn were merged to form 'Deutsche Bahn AG', with 'S-Bahn Berlin GmbH' being founded as its subsidiary a year later.

In 2005, a new 2.9 km route opened from Lichterfelde Süd to Teltow Stadt in Brandenburg. By 2012, the airport line from 1962 had been extended by 7.8 km to provide a link to the new Berlin-Brandenburg Airport (BER). However, due to delays in the airport's construction, the railway station, which is located directly beneath the new terminal building, remains closed. The underground station also has dedicated through tracks for regional, and a few long-distance, services.

The construction of the so-called S21 was officially launched in summer 2011. This is a second north-south route from the northern ring via Hauptbahnhof and Potsdamer Platz to the southern ring. When the northern ring was rebuilt during the late 1990s, the grade-separated junctions, both

Karlshorst (10-01-2003) – Wagen 477 038 wenige Monate vor seiner Ausmusterung unterwegs auf der S3 nach Erkner
– Car no. 477 038 on an S3 service to Erkner, a few months before its withdrawal

um eine zweite Nord-Süd-Verbindung vom Nordring über Hauptbahnhof und Potsdamer Platz zum Südring. Dafür wurde im Zuge des Wiederaufbaus des Nordrings Ende der 1990er Jahre die kreuzungsfreie Ausfädelung aus beiden Richtungen, sowohl von Westhafen als auch von Wedding, weitgehend vorbereitet. Am Hauptbahnhof selbst hingegen wurden nur minimale Vorleistungen getroffen. Der erste Abschnitt umfasst den nördlichen Teil (1,6 km) bis zum Hauptbahnhof, wo die Züge ab ca. 2017 in einem unterirdischen Bahnhof östlich des U55-Bahnhofs enden sollen. Anschließend wird der südliche Abschnitt bis Potsdamer Platz in Angriff genommen. Dazu muss ein Tunnel hinter dem Reichstagsgebäude und teilweise unter der Spree aufgefahren werden, die Trasse kann dann südlich des Brandenburger Tors in die bestehende Trasse eingefädelt werden.

Als weitere mögliche S-Bahn-Verlängerungen werden die Strecken von Spandau nach Falkensee sowie von Hennigsdorf nach Velten gehandelt. Beide Städte waren bereits 1951 bis 1961 bzw. 1983 auf dem S-Bahn-Netzplan zu finden.

from Westhafen and from Wedding, were partly built, but at Hauptbahnhof only a minimum of preliminary works was carried out. The northern 1.6 km section may be completed by 2017, with trains terminating at Hauptbahnhof in a new underground station to the east of the present U55 station. The southern section to Potsdamer Platz will be built later, and will require a tunnel behind the Reichstag building and partly under the River Spree before it can join the existing route south of the Brandenburg Gate.

Further possible extensions to the S-Bahn network include the routes from Spandau to Falkensee as well as from Hennigsdorf to Velten. These routes had already been served by the S-Bahn from 1951 to 1961 and 1983, respectively.

Messe Nord/ICC (15-06-2002) – Die Beschilderung „S4 – Ring" konnte man nur am Tag des offiziellen Ringschlusses sehen, am nächsten Tag begann der reguläre Betrieb mit den Ringlinien S41 (im Uhrzeigersinn) und S42 (gegen den Uhrzeigersinn).
– The line number 'S4' with the destination sign 'Ring' was only used on the day of the completion of the S-Bahn ring, while regular service started the following day with lines S41 (clockwise) and S42 (anti-clockwise).

Spandau (21-07-2002) – S75 abfahrbereit am Fernbahnhof, der 1998 in Betrieb genommen wurde, als auch die S-Bahn nach Spandau zurückkehrte.
– *S75 ready for departure at the mainline station completed in 1998, when the S-Bahn also returned to Spandau.*

⑤ Stadtbahn

Die Ost-West-Strecke der S-Bahn wird als ‚Stadtbahn' bezeichnet. Sie wurde 1882 als Verbindung zwischen Charlottenburg und dem Schlesischen Bahnhof (heute Ostbahnhof) meist in Hochlage auf gemauerten Bögen viergleisig errichtet, so dass von Anfang an eigene Gleise für den Vorortverkehr zur Verfügung standen. Daran schloss sich im Westen anfangs die Strecke nach Wannsee bzw. Potsdam an, bald kamen noch Verbindungskurven westlich von Charlottenburg zur Ringbahn, und ab 1911 auch die Strecke nach Spandau über Olympiastadion, die ab Heerstraße abseits der Fernbahnstrecke verläuft, hinzu. Die Stadtbahn und ihre westlichen Anschlussstrecken wurden Ende der 1920er Jahre elektrifiziert.

Im Osten fuhren die Dampfzüge 1882 weiter auf der Frankfurter Bahn Richtung Erkner und auf der Ostbahn Richtung Strausberg. Während die Erkner-Strecke 1928 vollständig elektrifiziert wurde, erreichten die S-Bahn-Züge auf der Ostbahn vorerst nur Kaulsdorf. Nach und nach wurden die S-Bahn-Gleise nach Osten verlängert, so dass 1948 bis Strausberg elektrisch gefahren werden konnte. In den 1950er Jahren baute man eine neue eingleisige Strecke bis Strausberg Nord, wo das *Ministerium für Nationale Verteidigung der DDR* angesiedelt wurde.

Eine wesentliche Erweiterung des auf die Stadtbahn ausgerichteten S-Bahn-Netzes erfolgte in den 1970er und 1980er Jahren, als am Ostrand Berlins in Marzahn und Hohenschönhausen große Wohnsiedlungen gebaut wurden. Die Neubaugebiete in Hellersdorf wurden schließlich statt einer geplanten S-Bahn-Strecke durch die U5 angeschlossen.

Der Bau der Berliner Mauer bedeutete für die Stadtbahn 1961 eine Trennung in zwei Teilnetze am S-Bhf Friedrichstraße, wo die Züge aus dem Westen und aus dem Osten durch eine Wand voneinander getrennt endeten. Vom Westen kommend konnte

⑤ *Stadtbahn (East-West Route)*

The Stadtbahn opened between Charlottenburg and Schlesischer Bahnhof (now Ostbahnhof) in 1882, most of it running elevated on an arched brick structure. It was built with four tracks from the beginning so that local traffic could be separated from long-distance and goods traffic. At the western end, the Stadtbahn was initially only linked to the railway line to Wannsee/Potsdam, but connecting curves to the Ringbahn were soon built. From 1911, the new route to Spandau via Olympiastadion, which does not run parallel to mainline tracks, completed the western feeder lines. The Stadtbahn, along with the western routes, had been electrified by the late 1920s.

From 1882, steam trains continued from the eastern end of the Stadtbahn onto the Frankfurter Bahn towards Erkner, and onto the Ostbahn towards Strausberg. While the Erkner route was completely electrified in 1928, on the Ostbahn electric trains at first only reached Kaulsdorf. Gradually, the S-Bahn tracks were extended eastwards, and by 1948, the route had been electrified all the way to Strausberg. In the 1950s, a single-track branch was added to Strausberg Nord, where the GDR Defence Ministry was established.

The Stadtbahn-orientated S-Bahn network was considerably expanded in the 1970s and 1980s when large housing estates were built in Marzahn and Hohenschönhausen in the eastern outskirts of the city. The district of Hellersdorf was eventually served by the extended U5 instead of the initially planned S-Bahn branch.

In 1961, the Berlin Wall cut the Stadtbahn route in two at Friedrichstraße, where trains from either side terminated at different platforms, separated by a wall. From the western Stadtbahn it was possible to transfer to U-Bahn line U6 and

man hier problemlos zur Nord-Süd-S-Bahn und zur U6 umsteigen. Auf der Strecke nach Potsdam war für die S-Bahn nun Wannsee Endstation. Von Spandau war die S-Bahn seit 1951 bis Falkensee weitergefahren, was nun nicht mehr möglich war.

Nach der Wiedervereinigung der Stadt im Jahr 1990 wurden die S-Bahn-Züge ab 1992 wieder von Erkner bis nach Potsdam durchgebunden, die Wiederinbetriebnahme der Spandauer Strecke dauerte allerdings noch bis 1998. Die in den 1980er Jahren bereits begonnene Verlängerung von Wartenberg bis Sellheimbrücke wurde wegen nicht erfolgter Neubautätigkeit nicht weitergeführt. Von Spandau ist weiterhin eine Verlängerung nach Falkensee geplant, wobei auf Berliner Gebiet drei weitere S-Bahnhöfe entstehen würden.

Am Ostkreuz fuhr die S9 bis 2009 von Treptower Park kommend über die Südkurve zur Stadtbahn (und umgekehrt) und hielt dort zuletzt stadteinwärts an einem eigenen Bahnsteig. Diese Verbindungskurve wird ab etwa 2016 wieder zur Verfügung stehen, dann jedoch ohne Halt. Bis dahin wird der Bahnhof Ostkreuz so umgebaut, dass in Zukunft alle Züge Richtung Innenstadt bzw. stadtauswärts jeweils an einem Mittelbahnsteig halten können. Die S3 nach Erkner, die früher ab Ostbahnhof praktisch auf einer eigenen Trasse verkehrte, endet seit Dezember 2011 für mehrere Jahre am Ostkreuz. Seit 16.04.2012 halten die Ringbahnzüge bereits in der neuen Bahnsteighalle.

Alle Außenäste der Stadtbahn, auch die teilweise eingleisige Strecke von Wannsee nach Potsdam, werden alle 10 Minuten bedient, ausgenommen die S5 von Mahlsdorf bzw. Hoppegarten bis Strausberg, wo nur alle 20 Minuten gefahren wird, von dort bis Strausberg Nord nur alle 40 Minuten. Durch den geplanten zweigleisigen Ausbau zwischen Strausberg und Hegermühle soll ab Dezember 2015 auch hier ein 20-Minuten-Takt möglich werden. Durch Überlappung mehrerer Linien verkehrt auf dem zentralen Abschnitt der Stadtbahn alle paar Minuten ein Zug.

Jannowitzbrücke > **Alexanderplatz** (20-09-2011)
– gemauerte Stadtbahnbögen von 1882 | *brick-built viaduct from 1882*

Grunewald (02-06-2002)
– Eingangsgebäude von 1899 | *station building from 1899*

to the north-south S-Bahn route without any problems. The route to Potsdam was curtailed at Wannsee. The extension to Falkensee, which had only opened in 1951, was once again cut back to Spandau.

With the city's reunification in 1990, through-operation all the way from Erkner to Potsdam became possible once again in 1992. The reopening of the Spandau branch, however, took until 1998. During the 1980s, an extension from Wartenberg to Sellheimbrücke had already been started, but due to the lack of development in the area, it was not completed. An extension from Spandau to Falkensee, which would see three more S-Bahn stations on Berlin territory, is still planned today.

At Ostkreuz, line S9 to/from Treptower Park used to run on the southern curve to join the Stadtbahn until 2009, calling at a separate platform only in the inbound direction. This curve will again become available from around 2016, although without a stop. By then, Ostkreuz station will have been completely rebuilt: one island platform will be used by all inbound trains, and the other by all outbound trains. Since December 2011, line S3, which used to run on its own tracks from Ostbahnhof, has terminated at Ostkreuz, and will continue to do so for several more years. Ringbahn trains, however, started calling at a new glass-covered station on 16 April 2012.

The outer Stadtbahn branches, even the partly single-track section from Wannsee to Potsdam, have a train every ten minutes, except for the Mahlsdorf (or Hoppegarten) – Strausberg section, which only has a train every 20 minutes, and Strausberg – Strausberg Nord, with a train only every 40 minutes. The doubling of the route between Strausberg and Hegermühle will allow the 20-minute headway to be extended from December 2015. Due to overlapping lines, there is a train every few minutes on the central section of the Stadtbahn.

① **Springpfuhl** (08-09-2009)
– typischer S-Bahnhof der 1970er Jahre im Neubaugebiet Marzahn, hier verzweigen sich die S7 nach Ahrensfelde und die S75 nach Wartenberg.
– *typical 1970s S-Bahn station in the new housing estate of Marzahn; junction for the routes to Ahrensfelde (S7) and Wartenberg (S75)*

② **Friedrichstraße** (12-02-2003)
– einer der meistfrequentierten S-Bahnhöfe im Herzen Berlins, mit Umsteigemöglichkeit zur Nord-Süd-S-Bahn sowie zur U6.
– *one of the busiest S-Bahn stations right in the heart of Berlin, providing interchange with the S-Bahn north-south route as well as line U6.*

③ **Hoppegarten** (27-04-2011)
– 2008 behindertengerecht mit Aufzügen und gleichzeitig mit einem modernen Zugang versehen.
– *In 2008, it was made fully accessible with lifts, while a completely new access was built, too.*

④ **Ostkreuz** (16-10-2011)
– Blick von der provisorischen Fußgängerbrücke auf den S3-Bahnsteig nach Erkner, dahinter die neue Bahnsteighalle der Ringbahn
– *view over the S3 platform to Erkner from the temporary pedestrian bridge, with the new Ringbahn station hall in the background*

Die Nord-Süd-Strecken der Berliner S-Bahn verlaufen teilweise unterirdisch und werden auch als ‚Vorortbahnen' bezeichnet. Die Nordstrecken gingen bis 1936 vom ehemaligen Stettiner Bahnhof (über dem heutigen unterirdischen S-Bahnhof Nordbahnhof) aus. Die Elektrifizierung der Strecke nach Bernau galt 1924 als Geburtsstunde der modernen S-Bahn, bald danach wurden auch die Nordbahnstrecke nach Oranienburg sowie die Kremmener Bahn über Tegel und Hennigsdorf bis Velten elektrifiziert. Letztere hatte keine eigenen Gleise und verkehrte somit im Mischverkehr mit Regional- bzw. Güterzügen.

Die südlichen Vorortbahnen fuhren von den seitlich an den Potsdamer Bahnhof (etwa an der Stelle des heutigen unterirdischen Regionalbahnhofs Potsdamer Platz) angebauten Vorortbahnhöfen ab, einerseits die Wannseebahn (heute S1) vom Wannseebahnhof, andererseits die Vorortbahnen entlang der Anhalter (S25) und Dresdener Bahn (S2), die den Potsdamer Ringbahnhof benutzten. Zwischen diesem und Lichterfelde Ost begann bereits 1903 der elektrische Betrieb mit seitlicher Stromschiene, allerdings mit Triebwagen, die noch keinen ebenen Einstieg ermöglichten. Auf der Dresdener Bahn verkehrten seit ihrer Elektrifizierung 1939 die S-Bahn-Züge im Mischverkehr mit den Fernzügen.

Anfang der 1930er Jahre begann der Bau des Nord-Süd-Tunnels, um die nördlichen und südlichen Vorortbahnen zu Durchmesserlinien zu verbinden. Der nördliche Abschnitt wurde 1936 rechtzeitig für die Olympischen Spiele in Betrieb genommen. Bis 1939 wurde der Tunnel vollendet und der durchgehende S-Bahn-Betrieb aufgenommen.

Mit dem Bau der Berliner Mauer 1961 verwandelten sich alle unterirdischen Bahnhöfe bis auf Anhalter Bahnhof und Friedrichstraße wie die U-Bahnhöfe der U6 und U8 in Geister-

Ⓢ *Nord-Süd-Bahn (North-South Route)*

The north-south lines run partly underground and are also referred to as the 'Vorortbahn' [suburban lines]. Until 1936, the northern routes started from the former Stettiner Bahnhof, which was located above today's underground S-Bahn station Nordbahnhof. The electrification of the route to Bernau in 1924 is considered the beginning of the modern S-Bahn era. This was soon followed by electric service to Oranienburg (Nordbahn) and Velten via Tegel and Hennigsdorf (Kremmener Bahn). The latter had no separate S-Bahn tracks and thus had to share tracks with mainline and goods services.

The southern lines used to depart from two suburban stations built on either side of Potsdamer Bahnhof (which used to be located where the underground regional station Potsdamer Platz is today): the Wannseebahn (now S1) from Wannseebahnhof, and the suburban lines along the Anhalter Bahn (S25) and Dresdener Bahn (S2) from Potsdamer Ringbahnhof. Between the latter and Lichterfelde Ost, electric service with third-rail power supply began in as early as 1903, although with rolling stock that did not allow step-free entry. Along the Dresdener Bahn, the S-Bahn operated in mixed traffic with long-distance trains after its electrification in 1939.

The construction of the north-south tunnel to link the northern and southern lines began in the early 1930s. The northern section was opened in time for the 1936 Olympics, and in 1939 the entire tunnel was completed and through S-Bahn service could begin.

When the Berlin Wall was built in 1961, all the underground S-Bahn stations except Anhalter Bahnhof and Friedrichstraße were turned into ghost stations like those on lines U6 and U8, which trains passed through without stopping. At Friedrichstraße, located in East Berlin, West Berliners were

bahnhöfe, die ohne Halt durchfahren wurden. Am Bahnhof Friedrichstraße konnte man vom Westen kommend quasi exterritorial auf die oberirdische Stadtbahn und auf die U6 umsteigen. An den Außenstrecken wurden sämtliche Strecken gekappt, lediglich zwischen Hennigsdorf und Velten wurde bis 1983 ein Inselbetrieb aufrechterhalten. Die Strecke nach Bernau blieb beim Ost-Berliner Netz, sie war seit 1952 östlich des S-Bahnhofs Bornholmer Straße über die Gütergleise an den Ostring angeschlossen und bekam nun auch hier eigene S-Bahn-Gleise. 1962 wurde auch der Abschnitt des Berliner Außenrings über Schönfließ vollendet, so dass die Züge nach Oranienburg umgeleitet werden konnten.

Mit Übernahme der West-Berliner S-Bahn durch die BVG im Jahr 1984 wurden die Linien S1 Anhalter Bahnhof – Wannsee und S2 Frohnau – Lichtenrade eingerichtet.

Nach der Wende wurden die unterbrochenen Verbindungen nach und nach wiederaufgebaut, wobei die Strecke nach Hennigsdorf vorerst nur eingleisig mit einigen Ausweichstellen wieder in Betrieb genommen wurde. Der Abschnitt von Hennigsdorf bis Velten wurde nicht mehr in das S-Bahn-Netz einbezogen, eine Verlängerung wird aber in letzter Zeit wieder gefordert. Der Abschnitt Schönholz – Tegel soll in Zukunft zweigleisig ausgebaut werden.

Auf der Dresdener Bahn, wo die S-Bahnen von 1940 bis 1961 bis Rangsdorf gefahren waren, endet die S2 heute in Blankenfelde. Für die Fernzüge nach Dresden und Prag sowie den Flughafen-Express sollten entlang der S2 längst eigene Ferngleise gebaut werden, der Baubeginn ist jedoch weiterhin unklar. In Lichtenrade soll für Fern- und S-Bahn ein Tunnelabschnitt errichtet werden.

Nachdem auch die Lichterfelder Strecke bis 1998, wenn auch teilweise eingleisig, wieder in Betrieb genommen worden war, wurde diese auf neuer Trasse 2005 eingleisig bis Teltow Stadt verlängert. Eine Weiterführung bis Stahnsdorf ist möglich.

Auf den Abschnitten Lichtenrade – Blankenfelde, Schönholz – Hennigsdorf, Frohnau – Oranienburg, Blankenburg – Hohen Neuendorf und Buch – Bernau wird ein 20-Minuten-Takt angeboten, auf allen anderen Abschnitten mindestens ein 10-Minuten-Takt.

① **Nikolassee** (03-08-2002)
  – wunderbares Eingangsgebäude auf der Wannseebahn von 1902
  – *magnificent station building erected in 1902 on the Wannseebahn*
② **Schöneberg** (18-02-2007)
  – Brücke über die Dominikusstraße | *bridge over Dominikusstraße*
③ **Nordbahnhof** (24-04-2011)
  – Zugang zum unterirdischen S-Bahnhof von 1936
  – *entrance to the underground station opened in 1936*

able to change to the surface Stadtbahn as well as to line U6. All outer branches were curtailed at the city border, but between Hennigsdorf and Velten an isolated S-Bahn line remained in service until 1983. East of Bornholmer Straße station, the route to Bernau had been linked to the eastern ring since 1952 by using the freight tracks, but was now given separate S-Bahn tracks on this section, too. In 1962, the outer orbital railway via Schönfließ was completed, allowing the diversion of trains to Oranienburg.

When the West Berlin network was transferred to the BVG in 1984, lines S1 Anhalter Bahnhof – Wannsee and S2 Frohnau – Lichtenrade were established.

After the fall of the Wall, all cross-border links were gradually restored, with the line to Hennigsdorf only being rebuilt single-track with some passing loops. The section from Hennigsdorf to Velten was not integrated into the S-Bahn network, but in recent times an extension to Velten has often been requested. The section Schönholz – Tegel is to be doubled in the mid-term future.

On the Dresdener Bahn, where the S-Bahn ran to Rangsdorf from 1940 until 1961, the S2 now terminates at Blankenfelde. For long-distance trains to Dresden and Prague, as well as the Airport Express, additional tracks should long ago have been laid along the S2, but the start of construction is still unknown. The section through Lichtenrade is planned to be put underground.

The Lichterfelde branch was reopened in 1998, though partly single-track, and a new single-track section was added to Teltow Stadt in 2005; a further extension to Stahnsdorf is possible.

On the sections Lichtenrade – Blankenfelde, Schönholz – Hennigsdorf, Frohnau – Oranienburg, Blankenburg – Hohen Neuendorf and Buch – Bernau a 20-minute service is provided, while on the other sections there is a train at least every 10 minutes.

① **Buckower Chaussee** (26-06-2010)
– einer von wenigen Bahnübergängen bei der S-Bahn innerhalb der Berliner Stadtgrenzen; dahinter imposantes Portal von Rainer G. Rümmler aus der BVG-Zeit der S-Bahn
– *one of a few level crossings on the S-Bahn system within the Berlin city boundaries; in the background, an impressive portal created by Rainer G. Rümmler during the S-Bahn's BVG period*

② **Alt-Reinickendorf** (13-02-2003)
– altes Stationsgebäude von 1893 auf der Kremmener Bahn
– *old 1893 station building on the Kremmener Bahn*

③ **Mexikoplatz** (03-10-2007)
– Eingangsgebäude von 1904 von Gustav Hart und Alfred Lesser, eines von zahlreichen architektonisch wertvollen Gebäuden an der Wannseebahn
– *station building from 1904 designed by Gustav Hart and Alfred Lesser, one of many architecturally interesting buildings on the Wannseebahn*

④ **Potsdamer Platz** (18-02-2007)
– Der unterirdische S-Bahnhof von 1939 war von Anfang an für zwei Strecken ausgelegt, mit der „S21" verwandelt er sich vielleicht tatsächlich in 10-15 Jahren in einen Verzweigungsbahnhof.
– *the 1939 underground S-Bahn station was laid out big enough for two routes from the start; in 10-15 years from now, this may indeed become a junction where the future "S21" diverges.*

⑤ **Südkreuz > Yorckstraße** (11-09-2011)
– Blick von der Monumentenbrücke auf die S2/S25, dahinter ein RegionalExpress auf der Fernbahntrasse von 2006, links hinten das Potsdamer Platz-Areal, rechts der Fernsehturm am Alexanderplatz
– *view from the Monumentenbrücke over the S2/S25, with an RE train in the background running on the mainline tracks opened in 2006; the Potsdamer Platz area is visible in the top left corner, and the TV tower at Alexanderplatz on the right side.*

■ S-BAHN

S Ringbahn

Der 37 km lange S-Bahn-Ring wurde 1877 fertiggestellt und hatte damals 13 Bahnhöfe. Erst 1902 wurde die direkte Verbindung zwischen Südkreuz (bis 2006 Papestraße) und Schöneberg errichtet, vorher fuhren alle Züge über die sog. ‚Ringbahn-Spitzkehre' zum Potsdamer Ringbahnhof (am Potsdamer Platz). Eine direkte Verbindung bestand bis 1944 am Westring von Westend zur Stadtbahn Richtung Innenstadt, die Kurve von Halensee nach Charlottenburg besteht heute noch als eingleisige Strecke, die von wenigen planmäßigen Zügen befahren wird. Während die Südkurve am Ostkreuz bis 2009 von der S9 benutzt wurde und auch ab 2016 wieder befahrbar sein soll, kam der Nordkurve, die seit 1994 außer Betrieb war und 2006 im Zuge des Umbaus des Bahnhofs Ostkreuz abgebaut wurde, im geteilten Berlin eine wichtige Funktion zu.

An die Ringbahn sind die südöstlichen Zulaufstrecken über die Görlitzer Bahn angeschlossen. Von Baumschulenweg führt je eine Strecke zum Ostring (Treptower Park) und zum Südring (Neukölln). Wie der Ring selbst wurden die Strecken nach Grünau und Spindlersfeld im Zuge der ‚Großen Elektrisierung' 1928/29 zu S-Bahn-Strecken ausgebaut.

1951 wurde die Verlängerung nach Königs Wusterhausen entlang der Görlitzer Bahn in Betrieb genommen. Zum Anschluss des Zentralflughafens der DDR in Schönefeld wurde 1962 eine Neubaustrecke etwas südlich des Außenrings gebaut. Diese Strecke wurde bis 2012 über eine 7,8 km lange Kurve zum Terminal des neuen Flughafens Berlin-Brandenburg (BER) verlängert, wo sie unterirdisch neben der Regionalbahn endet und zusammen mit dem Flughafen selbst auf ihre Inbetriebnahme wartet.

S Ringbahn (Circular Route)

The 37 km circular S-Bahn route was completed in 1877 and initially had 13 stations. The direct link between Südkreuz (until 2006 Papestraße) and Schöneberg was only built in 1902. Prior to that, all trains had to take a detour via Potsdamer Ringbahnhof (at Potsdamer Platz), reversing there to continue their journey. From Westend on the western ring, there were regular trains towards Charlottenburg on the Stadtbahn route via a northern curve until 1944; the southern curve still exists today as a single-track link, which is only used by a few scheduled trains. At Ostkreuz, the southern curve was in use by line S9 until 2009 and will again be available from 2016, but the northern curve was dismantled in 2006 in preparation for the complete reconstruction of the Ostkreuz interchange. While the city was divided, the northern curve had played an important role, but it had not been used by regular trains since 1994.

The Ringbahn is operated jointly with the radial Görlitzer Bahn, which serves the southeastern districts. There is a link from Baumschulenweg to Treptower Park on the eastern ring, and another from Baumschulenweg to Neukölln on the southern ring. Like the Ringbahn proper, the feeder lines to Grünau and Spindlersfeld were electrified during the 'Great Electrification' in 1928/29, and thus converted to S-Bahn standard.

In 1951, the Grünau branch was extended to Königs Wusterhausen along the Görlitzer Bahn. To provide a link to the new GDR airport at Schönefeld, in 1962 a new route was built further south than the outer orbital railway. By 2012, this route had been extended in a 7.8 km curve to reach the terminal building of the new Berlin Brandenburg Airport

Mit dem Bau der Berliner Mauer wurde der durchgehende Betrieb auf der Ringbahn 1961 unterbrochen. Die West-Berliner S-Bahn-Züge konnten fortan im Norden nur noch bis Gesundbrunnen fahren, im Süden war am Bahnhof Sonnenallee bzw. Köllnische Heide Endstation. In Ost-Berlin bildeten die Zulaufstrecken der Görlitzer Bahn zusammen mit dem Ostring eine wichtige Nord-Süd-Achse, die am Ostkreuz mit der Stadtbahn über die beiden oben beschriebenen Kurven verbunden war.

Um die Bernauer Strecke neben der Nord-Süd-Bahn auch an den Ostring anzuschließen, wurden bereits 1952 die Fernbahngleise in diesem Bereich für die S-Bahn elektrifiziert. Somit konnten die Züge den Bahnhof Bornholmer Straße, der direkt an der Grenze zwischen dem französischen und sowjetischen Sektor lag, umgehen.

Nach dem Eisenbahnerstreik im Jahr 1980 wurde der Betrieb auf den West-Berliner Ringbahnabschnitten ganz eingestellt. Nach Übernahme durch die BVG 1984 sollte allmählich der Betrieb wieder aufgenommen werden, jedoch dauerte es bis 1993, bis auf dem Südring wieder Züge fahren konnten. Für die Wiederinbetriebnahme wurden mehrere Bahnhöfe umgebaut oder verschoben. Der Betrieb auf dem kompletten Ring war erst 2002 wieder möglich. Eigentlich als S4 geplant, wurde der Betrieb der Ringlinien S41 (im Uhrzeigersinn) und S42 (gegen den Uhrzeigersinn) anfangs so organisiert, dass die Züge am Bahnhof Gesundbrunnen in die Linien S45, S46 und S47 übergingen. Seit 2006 verkehren die S41 und S42 als tatsächliche Ringlinien, in den Hauptverkehrszeiten alle 5 Minuten, sonst alle 10 Minuten, wobei sie für eine Runde genau 60 Minuten benötigen. Auf einzelnen Abschnitten des Südrings wird der Takt durch die Züge der S45, S46 und S47 verstärkt, auf dem Ostring durch die S8, S9 (vorübergehend) und S85, die ab Schönhauser Allee über das Nordkreuz auf die Strecken der Nord-Süd-Bahn übergehen. Auf den Abschnitten Schöneweide – Spindlersfeld (eingleisig) und Grünau bzw. Zeuthen – Königs Wusterhausen (Zeuthen – KW eingleisig) wird ein 20-Minuten-Takt angeboten, sonst mindestens ein 10-Minuten-Takt.

① **Ostkreuz** (24-04-2011)
  – zukünftiger Regionalbahnsteig als provisorischer S-Bahn-Bahnsteig
  – *future platform for regional trains serving as temporary S-Bahn platform*

② **Spindlersfeld** (09-09-2006)
  – eingleisige Endstation an dem kurzen eingleisigen S-Bahn-Ast
  – *single-track terminus on the short single-track branch*

③ **Altglienicke > Adlershof** (07-08-2005)
  – S-Bahn-Strecke zum Flughafen Schönefeld von 1961
  – *S-Bahn route built in 1961 to Schönefeld Airport*

(BER). There is an underground station for both S-Bahn and regional services, which has lain idle for several years awaiting the airport's grand opening.

The construction of the Berlin Wall in 1961 meant that circular operation on the Ringbahn was no longer possible. West Berlin trains terminated at Gesundbrunnen in the north, and at either Sonnenallee or Köllnische Heide in the south. In East Berlin, the eastern ring and the feeder lines of the Görlitzer Bahn became an important north-south axis, which was linked to the Stadtbahn at Ostkreuz via the two curves described above.

To connect the Bernau branch not only to the north-south route but also to the eastern ring, the mainline tracks in that area had already been electrified for S-Bahn service in as early as 1952. Trains were thus able to bypass Bornholmer Straße station, which was located right on the border between the French and the Soviet sectors.

After the railway workers' strike in 1980, the West Berlin sections of the Ringbahn were closed. When these routes were transferred to the BVG in 1984, operation was to be resumed, but it was only in 1993 that the first trains began running on the southern ring. For the reopening of the Ringbahn, several stations were rebuilt or relocated. The complete Ringbahn finally became operational once again in 2002. Initially planned as line S4, trains on the circular lines S41 (clockwise) and S42 (anti-clockwise) at first changed line numbers at Gesundbrunnen and continued their journeys as S45, S46 or S47. Since 2006, however, lines S41 and S42 have been operating as real circular lines, running every 5 minutes during peak hours and every 10 minutes at other times. For the entire circuit they need exactly 60 minutes. Some sections of the southern ring are also served by lines S45, S46 and S47, and the eastern ring is shared by lines S8, S9 (temporarily) and S85, which from Schönhauser Allee continue on the northern routes of the Nord-Süd-Bahn network. Between Schöneweide and Spindlersfeld (single-track) and between Grünau (or Zeuthen) and Königs Wusterhausen (Zeuthen – Königs Wusterhausen single-track), there is a train every 20 minutes, whereas on the other routes there is a train at least every 10 minutes.

① **Messe Nord/ICC** (11-06-2010)
– Blick vom Funkturm am Messegelände über den S-Bahnhof, die Stadtautobahn, den Stadtteil Witzleben und im Hintergrund den Lietzenseepark.
Neben dem heutigen, 1993 wiedereröffneten Bahnsteig sind noch immer
Reste eines zweiten Bahnsteigs zu erkennen, an dem die Züge von
der Stadtbahn (Charlottenburg) nach Westend und umgekehrt hielten,
allerdings nur bis 1944!
– *View from the Funkturm, the old radio tower in the trade fair
grounds, over the S-Bahn station and the urban motorway, with the
Witzleben neighbourhood and Lietzenseepark in the background. Next
to the present platform, which reopened in 1993, are the remains
of another platform which was used for trains from the Stadtbahn
(Charlottenburg) to Westend, but this platform has been out of service
since 1944!*

② **Hohenzollerndamm** (13-09-2011)
– Teilansicht des noblen Empfangsgebäudes von 1910, mit später
eingebautem Aufzug
– *Partial view of the magnificent 1910 station building with a retro-
fitted lift*

③ **Westend** (03-09-2011)
– im Zuge des Wiederaufbaus des ersten Abschnitts des S-Bahn-Rings
im Jahr 1993 errichteter Nordzugang mit direktem Übergang zum Bus
– *Northern access, built in 1993 when the first section of the S-Bahn
ring line was reopened, with a bus stop right in front*

④ **Heidelberger Platz > Hohenzollerndamm** (13-09-2011)
– Blick von der Fußgängerbrücke „Hoher Bogen" auf den westlichen
Ring, links die Stadtautobahn, rechts die S-Bahn; die Gütergleise in der
Mitte sind auf diesem Abschnitt derzeit nicht in Betrieb.
– *View from the pedestrian bridge "Hoher Bogen" over the western
ring corridor, with the urban motorway on the left and the S-Bahn on
the right; the freight tracks in the middle are currently out of use on
this section.*

S-Bahn-Fahrzeuge

Nach Ausmusterung der letzten Altbaufahrzeuge der Baureihe 477 im Jahr 2003 verkehren auf dem S-Bahn-Netz drei verschiedene Fahrzeugtypen. Bei allen Baureihen handelt es sich um ‚Viertelzüge' (= 2 Wagen), die bis zu 8-Wagen-Züge (148 m) bilden können. Die Baureihe 480 wurde in den 1980er Jahren in West-Berlin entwickelt, nachdem die West-Berliner S-Bahn-Strecken von der BVG übernommen worden waren. Etwa zeitgleich baute man in der DDR die Baureihe 485. Den Großteil der Fahrzeuge, nämlich 500 von mehr als 700 Viertelzügen, stellt die Baureihe 481, die seit 1996 im Einsatz ist. Da es sich bei der S-Bahn um eine Vollbahn handelt, beträgt die Wagenbreite 3,00 m. Die Fußbodenhöhe liegt bei rund 1 m über Schienenoberkante, was einen weitgehend ebenen Einstieg ermöglicht, da die Berliner S-Bahn-Stationen prinzipiell mit Hochbahnsteigen ausgestattet sind. Die S-Bahn fährt auf Gleisen mit Standardspurweite (1435 mm).

Wegen der hohen Bahnsteige, aber vor allem wegen der einzigartigen Stromversorgung mit 750 V Gleichstrom über eine seitliche, von unten bestrichene Stromschiene können auf dem Berliner S-Bahn-Netz nur eigens für sie gebaute Züge eingesetzt werden. Ein ähnliches System findet man sonst nur bei der Hamburger S-Bahn. Diese Besonderheit rückte vor einigen Jahren bedauernswerterweise wiederholt ins Bewusstsein der Berliner Fahrgäste, als zahlreiche Züge der BR 481 wegen technischer Probleme nicht einsatzbereit waren und sogar zeitweise ganze Streckenäste stillgelegt werden mussten. Zwar konnte der Fahrzeugengpass in den letzten Jahren weitgehend beseitigt werden, eine langfristige Lösung steht jedoch noch aus. Im Zusammenhang mit der Ausschreibung des Ringbahn-Teilnetzes wird die Bereitstellung neuer Züge gefordert, jedoch werden diese im Jahr 2017 aufgrund der langen erforderlichen Entwicklungszeiten nicht zur Verfügung stehen.

Die Hauptwerkstatt der Berliner S-Bahn liegt in Schöneweide, wo ab den 1960er Jahren zahlreiche Altbauwagen zu U-Bahn-Wagen (Typ E) für Ost-Berlins einzige Großprofillinie umgebaut wurden. Außerdem verfügt die S-Bahn über drei Betriebswerke, nämlich in Grünau, Friedrichsfelde und Wannsee. Kleinere Instandhaltungsarbeiten können auch in Oranienburg und Erkner ausgeführt werden; in Erkner sind auch die historischen Fahrzeuge, die vom Verein „Historische S-Bahn e. V." [www.hisb.de] gepflegt werden, beheimatet. Utensilien rund um den S-Bahn-Betrieb, wie alte Stationsschilder, Fahrscheinautomaten, Signale usw. kann man im S-Bahn-Museum in Griebnitzsee bestaunen [www.s-bahn-museum.de]. Erwähnenswert ist außerdem die „Panorama-S-Bahn", ein 1999 speziell für Stadtrundfahrten umgebauter 3-Wagen-Zug der BR 477 mit extra großen Fenstern.

S-Bahn Rolling Stock

With the older vehicles of class 477 having been withdrawn in 2003, the S-Bahn is now operated with three different types of rolling stock, all of which consist of quarter trains (= two cars) which can be coupled to form up to 8-car trains (148 m). Class 480 was developed in the 1980s in West Berlin after the western lines had been brought under BVG control. At the same time, class 485 was manufactured in the GDR. The majority of the fleet, 500 of over 700 quarter trains, belongs to class 481, which has been in service since 1996. Like standard German railway rolling stock, all S-Bahn vehicles are 3 m wide. The floor height is approximately 1 m above the top of the rail, allowing step-free entry into the vehicle as all of Berlin's S-Bahn stations are equipped with high-level platforms. The S-Bahn operates on standard-gauge tracks (1435 mm).

Partly because of the high platforms but mostly because of the unique power supply system (750 V dc via a third rail, with power collection from underneath), specially designed rolling stock is required for the Berlin S-Bahn. The only similar system is the Hamburg S-Bahn. Some years ago, passengers in Berlin were made aware of this unique feature when numerous trains of class 481 had to be taken out of service due to technical problems, which even led to the temporary closure of some branches. While the rolling stock shortage has almost been eliminated, a long-term solution has not been found yet. In conjunction with the tendering process for the Ring, the future operator is also required to provide new rolling stock, which due to the lengthy period of time necessary to develop such trains, will not be available for the potential start of service in 2017.

The main workshops for the Berlin S-Bahn are located in Schöneweide, where from the 1960s numerous older carriages were rebuilt into U-Bahn cars (class E) for East Berlin's only large-profile U-Bahn line. The S-Bahn also has three maintenance yards, at Grünau, Friedrichsfelde and Wannsee. Minor maintenance work can also be carried out at the facilities in Oranienburg and Erkner, the latter also being used for the storage of vintage vehicles, which are maintained by the "Historische S-Bahn" association [www.hisb.de]. Other S-Bahn paraphernalia like station signs, ticket machines, signals, etc. can be found at the S-Bahn Museum in Griebnitzsee [www.s-bahn-museum.de]. Worth mentioning is the "Panorama S-Bahn", a rebuilt 3-car train of class 477 with extra-large windows specially designed for sightseeing tours.

Aktuelle S-Bahn-Fahrzeuge | *Current S-Bahn Rolling Stock*		
Baureihe / *Class*	**BR 485/885** (ex BR 270)	**BR 480**	**BR 481/482**
Hersteller / *Manufacturer*	LEW, Hennigsdorf (> AEG-Schienenfahrzeuge)	Waggon-Union, Berlin	Deutsche Waggonbau AG, Ammendorf (> Bombardier, Hennigsdorf/Ammendorf)
Wagennummern / *Car numbers*	485 005 ... 485 170 885 005 ... 885 170	480 005 - 480 085 480 505 - 480 585	481 001 - 481 494, 501/601-503/603 482 001 - 482 494, 501/601-503/603
Im Einsatz / *In service*	60-80	136 (= 68 DT)	500
Baujahr / *Year of production*	1987 - 1991	1990 - 1994	1996 - 2004
Länge / *Length*	36,2 m (DT)	36,8 m (DT)	36,8 m (DT)
Breite / *Width*	3,05 m	3,00 m	3,00 m
Fußbodenhöhe / *Floor height*	1,12 m	1,10 m	1,00 m

Savignyplatz (11-12-1983) – Halbzug der BR 275 Richtung Wannsee | *4-car train of class 275 on a service to Wannsee* (Bernhard Kußmagk)

S Frühere S-Bahn-Fahrzeuge

Nachdem im Jahr 1903 der elektrische Vorortbahnbetrieb auf der Lichterfelder Strecke mit Abteiltriebwagen aufgenommen worden war, wurde für die Elektrifizierung der nördlichen Vorortbahnen ein neuer Wagen entwickelt. Das eigentliche S-Bahn-Zeitalter begann am 8. August 1924 mit Zügen des Typs „Bernau" (später BR 169). Dabei handelte es sich um 17 Halbzüge, die aus zwei langen, schweren Triebwagen bestanden, zwischen denen drei kurze zweiachsige Beiwagen fuhren. Obwohl sie sich von den späteren Baureihen erheblich unterschieden, blieben sie lange im Dienst, wurden Mitte der 1950er Jahre sogar modernisiert und manche in den 1960er Jahren zu U-Bahn-Wagen umgebaut.

Die Erfahrungen der ersten S-Bahn-Fahrzeuge flossen bereits in die wenig später gebauten Wagen des Typs „Oranienburg" (später BR 168) ein. Hiermit wurde bereits 1925 das bis heute gültige Konzept der „Viertelzüge" eingeführt, bestehend aus einem Trieb- und einem Steuerwagen (später zu Beiwagen umgebaut), wobei beide Wagen Drehgestelle hatten, was die Laufeigenschaften stark verbesserte. Für die Strecken nach Oranienburg und Velten wurden davon 50 Viertelzüge hergestellt, die in den Außenmaßen weitgehend den heutigen Fahrzeugen entsprachen. In Hinblick auf die geplanten Tunnelstrecken waren sie nur noch knapp 3,6 m hoch. Für einen schnellen Fahrgastwechsel gab es an jeder Wagenseite nun vier Doppelschiebetüren. Auch die BR 168 ging in den 1960er Jahren teilweise im U-Bahn-Wagen EIII auf.

Für die „Große Elektrisierung" der Vorortbahnen Ende der 1920er Jahre entstand schließlich in großer Stückzahl der S-Bahn-Wagen vom Typ „Stadtbahn" (später BR 165, zuletzt BR 475 und 476). Davon wurden zwischen 1928 und 1931 insgesamt 638 Viertelzüge beschafft. Da wegen der steigenden Fahrgastzahlen ohnehin kaum noch einzelne Viertelzüge eingesetzt

S *Former S-Bahn Rolling Stock*

With the electric suburban service being launched in 1903 on the route to Lichterfelde with motorised compartment cars, a new type of vehicle was developed for the electrification of the northern suburban routes. Modern S-Bahn service began on 8 August 1924 with trains of class "Bernau" (later class 169). The initial fleet consisted of 17 half-trains, which were made up of two long and heavy power cars with three short two-axle trailers running between them. Despite being rather different from later classes, they remained in service for a long time, with some even being modernised in the 1950s and a few being rebuilt into U-Bahn cars in the 1960s.

The experience gained with the first vehicles influenced the design of the class which followed soon after, the class "Oranienburg" (later class 168), which in 1925 introduced the still typical setup of "Viertelzüge" [quarter trains], which consisted of a motor coach and a driving trailer (later rebuilt into a cabless trailer), now with both carriages as bogie cars to improve the overall running characteristics. For the routes to Oranienburg and Velten, 50 of these quarters were built, with similar dimensions to the cars in service today. With an eye to future tunnel sections, they were built just 3.6 m high. To speed up alighting and boarding, there were four double-leaf sliding doors on each side. Many cars of class 168 were rebuilt into U-Bahn carriages in the 1960s.

For the large-scale electrification of all suburban routes in the late 1920s, a large number of S-Bahn cars of the "Stadtbahn" class (later class 167, finally classes 475 and 476) was ordered. Between 1928 and 1931, a total of 638 quarter trains were built. As single quarter trains were hardly ever used due to increasing passenger numbers, many trailers were now manufactured without driver's cabs. The double-leaf doors were now able to be closed by the guard using a compressed

Erkner (01-06-2005) – Sammlung historischer Fahrzeuge in der Wagenhalle in Erkner (Brian Hardy)
– *Collection of older vehicles in the Erkner depot*

wurden, waren darunter auch einige führerstandslose Beiwagen statt der sonst üblichen Steuerwagen. Die Doppeltüren waren erstmals zentral per Druckluft zu schließen. Mit diesen genieteten Fahrzeugen wurde der für die Berliner S-Bahn typische Anstrich in Rot/Ockergelb (3. Klasse) eingeführt, die 2. Klasse war statt ockergelb blau gekennzeichnet. Nach dem Zweiten Weltkrieg gingen zahlreiche Stadtbahnwagen an die Vorortbahnen in Danzig, Tallinn und Moskau. Ab 1979 wurden die damals bereits etwa 50 Jahre alten Fahrzeuge, die mittlerweile als BR 275 bezeichnet wurden, grundlegend modernisiert, was äußerlich vor allem an der nun runden Front zu erkennen war. Es war somit die BR 276 (ab 1992 BR 476) entstanden, die bis zum 21. Dezember 1997 im Einsatz blieb.

Im Zuge der Elektrifizierung der Wannseebahn 1933 kamen 49 ähnliche Viertelzüge hinzu (BR 165.8), die sich äußerlich durch die glatten Wände unterschieden, da die Wagenkästen

air system. The riveted "Stadtbahn" type introduced the later typical red/ochre livery for third class carriages, while those of the second glass were in blue instead of ochre. After World War II, many of the "Stadtbahn" cars were transferred to the suburban railways in Gdansk, Tallinn and Moscow. From 1979, many old vehicles, now about 50 years old and labelled class 275, were modernised and with their new rounded fronts they became class 276 (from 1992 class 476), remaining in service until 21 December 1997.

For the electrification of the Wannseebahn in 1933, 49 similar quarter trains (class 165.8) were added to the fleet, now with a smooth exterior as the rivets were countersunk. These vehicles were later also integrated into class 476.

The vehicles delivered from 1936 had a rounded front for the first time. 18 quarter trains of class 125 were laid out for a maximum speed of 120 km/h to operate as express trains on the electrified Wannseebahn mainline tracks (the so-called 'Bankers' trains'). 34 quarter trains belonged to class 166 (the so-called 'Olympia trains'), which had the usual top speed of 80 km/h. In the 1970s, both classes were rebuilt and became class 277 (later 477).

Still before World War II, 291 quarter trains of class 167 were ordered, as passenger numbers were expected to rise with the opening of the north-south tunnel in 1939, but not all of these cars were delivered. The class 167 cars were repeatedly modernised (with a double front window from the mid-1970s) and renumbered (class 277 > 477). Similar vehicles were in operation from 1943 between Zinnowitz and Peenemünde on the Baltic Sea to carry workers to an arms factory, and these were transferred to the Berlin S-Bahn after the

„Stadtbahn"-Museumszug mit blau/rotem Anstrich für die 2. Klasse (Brian Hardy)
– *Museum train of class 'Stadtbahn' in blue/red livery indicating 2nd class*

Hauptbahnhof (05-07-2002) – Einige Züge der BR 477, wie hier der 1939 gelieferte Wagen 477 066, erlebten sogar noch Berlins neuen Hauptbahnhof, auch wenn die Fernzüge hier erst vier Jahre später hielten. Im Hintergrund ist die Kuppel des Reichstagsgebäudes zu erkennen.
– *Several trains of class 477, like car no. 477 066, which had been delivered in 1939, lived long enough to serve Berlin's new central station, although long-distance trains did not stop here until four years later. The cupola of the Reichstag is visible in the background.*

versenkt genietet wurden. Diese Fahrzeuge gehörten später auch zur BR 476.

Die ab 1936 ausgelieferten Fahrzeuge zeigten erstmals eine rundere Front. Davon waren 18 Viertelzüge für 120 km/h ausgelegt, um auf den elektrifizierten Ferngleisen der Wannsee-bahn einen Expressverkehr (sog. Bankierszüge) anbieten zu können (BR 125). 34 Viertelzüge (sog. Olympiazüge; BR 166) erreichten die üblichen 80 km/h. In den 1970er Jahren wurden sie modernisiert und Teil der BR 277 (zuletzt 477).

Noch vor Ausbruch des Zweiten Weltkriegs wurden 291 Viertelzüge der BR 167 bestellt, da nach Vollendung des Nord-Süd-Tunnels 1939 steigende Fahrgastzahlen zu erwarten waren. Davon wurden allerdings nicht mehr alle ausgeliefert. Auch sie wurden mehrfach modernisiert (ab Mitte der 1970er mit Doppelfenster an der Stirnfront) und umnummeriert (BR 277 > BR 477). Ähnliche Fahrzeuge fuhren ab 1943 als Werkbahn zwischen Zinnowitz und Peenemünde an der Ostsee, diese wurden nach dem Krieg an die Berliner S-Bahn übergeben. Die Baureihe 477 blieb bei der Berliner S-Bahn bis zum 2. November 2003 im Einsatz.

Nachdem im Zweiten Weltkrieg zahlreiche Fahrzeuge in den Bombenangriffen beschädigt oder völlig zerstört wurden und einige als Reparationsleistung an die Sowjetunion abgegeben werden mussten, war man zunächst mit der Reparatur des vorhandenen Wagenparks beschäftigt. Mitte der 1950er Jahre begann schließlich die Entwicklung eines Neubaufahrzeuges, der BR 170. 1959 wurden zwei Prototyp-Halbzüge vorgestellt, die sich jedoch beide nicht bewährten, weshalb es zu keiner Serienproduktion kam. Es vergingen weitere 28 Jahre, bis 1987 endlich die Serienfertigung der neuen Baureihe 270 (heute 485) beginnen konnte.

war. *Class 477 remained in daily service on the S-Bahn until 2 November 2003.*

As a large number of vehicles were damaged or completely destroyed during World War II and some had to be sent to the Soviet Union as reparations, the S-Bahn spent the postwar period repairing existing stock. In the mid-1950s, however, the development of a new vehicle began, referred to as class 170. Two prototype half-trains were presented in 1959, but they did not prove reliable and serial production was there-fore never started. It took another 28 years before serial production of the new class 270 (now class 485) was launched in 1987.

Ostkreuz > Frankfurter Allee (14-07-1990) – BR 277 (Bernhard Kußmagk)

BR 485 (24-03-2008) – Charlottenburg
Aktueller Anstrich | *current livery*

BR 485 136 (05-01-2003) – Gesundbrunnen
Originalanstrich | *original livery*

⑤ Baureihe 485

Nach dem Scheitern der BR 170 arbeitete man in Ost-Berlin Ende der 1970er an der Entwicklung eines neuen Fahrzeugs, das 1980 auf der Leipziger Messe präsentiert wurde. Man blieb bei der anfangs als Baureihe 270 bezeichneten neuen Fahrzeuggeneration bei der bewährten Konzeption von Viertelzügen aus Trieb- und Beiwagen, ein Vollzug erreichte eine Länge von 145 m. Der Wagenkasten ist aus Aluminium, wodurch das Gesamtgewicht wesentlich reduziert werden konnte. Außenschiebetüren vereinfachten die Konstruktion und ermöglichten größere Fenster. Wegen Kapazitätsengpässen bei LEW in Hennigsdorf begann die Serienproduktion erst 1987. Die ersten Wagen der acht Nullserien-Viertelzüge wurden im damals bei der Ost-Berliner S-Bahn üblichen Anstrich Bordeaux-Rot/Beige geliefert, aber dann stieg man auf ein leuchtendes Rot mit einem anthrazit-schwarzen Fensterband um, was den Zügen schnell den Spitznamen „Cola-Dose" einbrachte. Die Auslieferung von 158 Serien-Viertelzügen erfolgte in den Jahren 1990-92, anfangs noch als BR 270, dann als BR 485 (885 für Beiwagen). Zwei Viertelzüge wurden 1993 probeweise als DUO-S-Bahn umgebaut, so dass sie mit Dieselantrieb auch auf nicht mit Stromschiene ausgestatteten Strecken eingesetzt werden konnten, was sie ab Ende Mai 1994 etwa ein Jahr lang zwischen Oranienburg und Hennigsdorf taten.

Anlässlich der Vollendung des S-Bahn-Rings im Jahr 2002 wurde ein Zug der BR 485 modernisiert und im traditionellen Anstrich der Berliner S-Bahn vorgestellt, weitere Fahrzeuge folgten. Ab 2003, kurz nach Verabschiedung der BR 277 und noch vor Ende der Auslieferung aller 500 Viertelzüge der BR 481 begann jedoch bereits die schrittweise Ausmusterung dieser Baureihe, viele wurden verschrottet, einige nur abgestellt. Aufgrund technischer Probleme bei der BR 481 in den letzten Jahren und dem daraus resultierenden Fahrzeugmangel wurden seit 2010 zahlreiche verfügbare Einheiten instand gesetzt (auch mit einem völlig überarbeiteten Fahrgastraum und neuer elektrischer Ausrüstung), so dass bis mindestens 2017 ca. 80 Viertelzüge (d.h. 20 Vollzüge) dieser Baureihe zur Verfügung stehen werden. Diese Züge verkehren allerdings nicht durch den Nord-Süd-Tunnel.

⑤ Class 485

After the failure of the class 170 project, East Berlin engineers began to develop a new vehicle in the late 1970s, which was presented at the 1980 Leipzig Fair. The new class 270 followed the traditional train setup of multiple quarter trains (motor car + trailer), with a full-length train measuring 145 m. The car body was made of aluminium, thus reducing the overall weight considerably. The externally-hung sliding doors simplified the body structure and allowed larger windows. Due to capacity constraints at LEW Hennigsdorf, serial production did not start until 1987. The first batch of eight cars was delivered in the then common East Berlin livery of bordeaux red and ivory, but this was soon replaced by a strong red with an anthracite ribbon around the windows, which earned them the nickname 'Cola-Dose' [coke can]. The 158 quarter trains delivered in 1990-92 were initially listed as class 270, but later became class 485 (885 for trailers). Two quarter trains were rebuilt in 1993 to be tested as a DUO S-Bahn, i.e. a train equipped with a diesel engine to enable service on non-electrified routes, too. From late May 1994, a one-year trial service was operated between Oranienburg and Hennigsdorf.

When the S-Bahn ring line was completed in 2002, a class 485 train was presented with a refurbished interior and repainted in traditional S-Bahn colours. These modifications were later made to many other trains. Already in 2003, however, even before the class 477 stock had been retired from service and before all 500 quarter trains of class 481 had been delivered, the first 485 trains were withdrawn from service, some being scrapped, others simply stored. With the problems experienced with the class 481 stock, the S-Bahn Berlin GmbH began to bring back available units in 2010 to tackle the rolling stock shortage. Before entering service, these units are fully modernised with a new interior and electrical equipment, so that up to 80 quarter trains, i.e. 20 full-length trains, of class 485 will remain in service until at least 2017. The 485 stock is not allowed to operate through the north-south tunnel, though.

BR 885 072 (18-05-2011)
– modernisierter Innenraum
– *refurbished interior*

BR 480 573 (30-07-2002) – Hennigsdorf – damals noch im Einsatz auf den Nord-Süd-Strecken | *at that time, still in service on the north-south routes*

BR 480 (15-09-2002) – Bergfelde
4-Wagen-Zug auf der heutigen S8 | *4-car train on today's S8*

⑤ Baureihe 480

Nach Übergabe des West-Berliner S-Bahn-Netzes an die BVG am 9. Januar 1984 modernisierte die BVG zunächst die ihr überlassenen Altbaufahrzeuge (119 Viertelzüge der BR 275 von 1927-29), begann jedoch unmittelbar zusammen mit der AEG, Siemens und der Waggon-Union, ein völlig neues Fahrzeug zu entwickeln, das allerdings trotz damals kaum absehbarer Wiedervereinigung auf dem Gesamtnetz einsetzbar sein sollte. So entstand die BR 480 ähnlich wie bei der U-Bahn als Doppeltriebwagen (DT), also mit einem Führerstand pro Wagen, so dass auch ein Viertelzug allein eingesetzt werden konnte. Alle Achsen waren erstmals angetrieben (Drehstrommotoren), doch trotzdem lag das Gesamtgewicht dank der Bauweise aus rostfreiem Edelstahl mit 61 t unter dem der Altfahrzeuge. Die Anzahl der Türen pro Seite wurde auf drei reduziert, die Schwenkschiebetüren sind jedoch breiter. Die beiden Triebwagen eines DT sind weitgehend identisch, in der Nummerierung ist der B-Wagen vom A-Wagen durch die 5 hinter der Baureihennummer zu unterscheiden. Einer der Prototypen wurde 1986 in einem kristallblauen Anstrich vorgestellt, was allerdings bei den Berlinern gar nicht gut ankam, so dass man schnell zum traditionellen Rot/Gelb zurückkehrte. Nach insgesamt vier Vorserien-Viertelzügen wurden schließlich 1990-92 41 DT an die BVG geliefert, weitere 40 Stück bestellte schließlich die Reichsbahn, da schon absehbar war, dass sich die BVG aus dem S-Bahn-Betrieb zurückziehen würde. Diese wurden 1993/94 in Dienst gestellt. Nach diversen technischen Problemen im Nord-Süd-Tunnel (z.B. Brand im S-Bahnhof Anhalter Bahnhof am 10. April 2004, was ihren Spitznamen „Toaster" bekräftigte) sind die Züge der BR 480 heute vorwiegend auf der Ringbahn bzw. ihren Anschlussstrecken im Einsatz. Dieser soll jedoch ab ca. 2018 mit Auslieferung einer neuen Fahrzeugflotte enden.

⑤ *Class 480*

Once the western S-Bahn network had been transferred to the BVG on 9 January 1984, they first modernised the 119 inherited quarter trains of class 275 from 1927-29, before starting to develop a new vehicle in collaboration with AEG, Siemens and Waggon-Union. Despite the little hope at that time that the city would be reunited in the foreseeable future, the new train was designed to operate on the entire system. The result was class 480, with two-car units similar to those on the U-Bahn, i.e. with a driver's cab for each car to allow the use of short two-car trains, too. All axles were powered (ac drives), but nonetheless, the overall weight of 61 t was less than that of the older vehicles due to the use of stainless steel. The number of doors per side was reduced from four to three, but the sliding doors became wider. The two motor cars of each unit are very similar, although B cars can be distinguished from A cars by the number 5 after the train class number. One of the prototypes was presented in 1986 with a crystal blue livery which the Berliners did not like at all, so this was rapidly changed to the traditional red/yellow livery. After four pre-series quarter trains, a total of 41 pairs were delivered to the BVG in 1990-92, while a further 40 pairs were later ordered by the Reichsbahn when it became evident that the BVG would withdraw from S-Bahn operation. This second batch was put into service in 1993/94. After several technical problems in the north-south tunnel (e.g. a fire at Anhalter Bahnhof on 10 April 2004, which confirmed their nickname 'toaster'), class 480 trains are now mostly in service on the Ringbahn or on its connecting lines. The 480 stock is set to be withdrawn from service from around 2018 once the first trains of the new generation have been delivered.

BR 480 (08-12-2011)
Innenraum
interior

BR 481 (14-09-2011) – Zoologischer Garten > Tiergarten

BR 481 (18-02-2007) – Ebener Einstieg | *step-free entry*

Ⓢ Baureihe 481

Trotz der gerade erst angelaufenen Serienproduktion der Baureihen 480 und 485 begannen die beiden S-Bahn-Betreiber Anfang der 1990er Jahre mit der Entwicklung eines neuen Fahrzeugs, schließlich galt es, in naher Zukunft über 60 Jahre alte Wagen zu ersetzen und den steigenden Bedarf nach der Wiedervereinigung zu decken. Erfahrungen mit den beiden anderen Neubaufahrzeugen flossen in die Entwicklung ein, auch bei der grundsätzlichen Fahrzeugkonzeption blieb man bei den bewährten Viertelzügen, allerdings anders als bei der BR 480 wieder bestehend aus Triebwagen und führerstandslosem Beiwagen, jedoch mit Hilfsfahrpult (Nummerierung 48<u>2</u>), da einzeln verkehrende Viertelzüge ohnehin kaum benötigt wurden. Die BR 481 kann somit als 4-, 6- oder 8-Wagen-Zug eingesetzt werden. Wie bei der BR 480 besteht der Wagenkasten aus Edelstahl, und an jeder Seite sind drei Doppelschwenkschiebetüren vorhanden. Erstmals sind die beiden kurzgekuppelten Wagen allerdings durchgehend begehbar, womit sich die Fahrgäste besser verteilen können. Außerdem wird so das Sicherheitsgefühl der Fahrgäste erhöht, wozu auch ein freier Blick in den nächsten Viertelzug beiträgt. Anfangs gab es ein kleines 1. Klasse-Abteil, was aber bei einem modernen städtischen Massenverkehrsmittel nicht mehr zeitgemäß war. Die Fußbodenhöhe liegt bei genau 1000 mm über Schienenoberkante, was bei einer Regelbahnsteighöhe von 960 mm einen ebenen Einstieg ermöglicht. Als Antrieb dienen wiederum Drehstrommotoren, wobei 3 von 4 Drehgestellen eines Viertelzugs angetrieben werden. Die Höchstgeschwindigkeit liegt wie bei der BR 480 bei 100 km/h.

Im September 1993 wurden zunächst 100 Viertelzüge bei der Deutschen Waggonbau Ammendorf (DWA) mit Beteiligung der AEG Schienenfahrzeuge (später ADtranz) in Hennigsdorf (u.a. elektrischer Teil) bestellt. 1995 wurde die Stückzahl auf 500 erhöht. Nach einer Präsentation des ersten von 10 Vorserien-Viertelzügen am 22. Februar 1996 kam das Fahrzeug im Dezember 1996 erstmals in den Fahrgasteinsatz. Die Serienproduktion lief bereits 1997 an. Die neuen Fahrzeuge trugen zwar die traditionellen Farben der Berliner S-Bahn, aber mit einer etwas langweiligen Aufteilung, weshalb die S-Bahn ab 1998 auf Drängen der Bevölkerung zum bekannten Farbschema zurückkehrte. Mittlerweile sind alle Fahrzeuge umlackiert. Wegen der Form ihrer großen Frontscheibe bekamen die Fahrzeuge den Spitznamen „Taucherbrille". Beide an der Produktion beteiligten Firmen wurden 1998 bzw. 2001 von Bombardier übernommen, unter deren Namen die Auslieferung aller 500 Viertelzüge bis September 2004 fortgesetzt wurde. Darunter sind drei Halbzüge, die 2003 geliefert wurden und jeweils aus zwei Viertelzügen bestehen, die mit einem Übergang ähnlich

Ⓢ *Class 481*

Despite the newly-launched serial production of classes 480 and 485, by the early 1990s the two S-Bahn operators had already begun developing a new train, with a view to both replacing the over 60-year-old rolling stock in the near future as well as meeting the increased demand after the city's reunification. The experience gained with the two previous types was used in the design of the new train, and the basic setup with quarter trains remained the same, although unlike class 480, the two-car sets were composed of a motor car and a trailer (numbered 48<u>2</u>) without a driver's cab, but equipped with an auxiliary driving console, as quarter trains were hardly ever operated as single units anyway. Class 481 trains can therefore be made up of 4, 6 or 8 cars. Like class 480, the car body is made of stainless steel, with three sliding plug doors on each side. For the first time, the two close-coupled cars are connected by a gangway, allowing free movement between them. This and the large windows between adjacent quarter trains help to improve the passengers' feeling of safety. Initially, there was a small 1st class compartment, but this was later considered to be outdated in a modern urban transit system. The floor height is exactly 1000 mm above the top of the rail, and with a standard platform height of 960 mm, step-free entry is possible. Three of the four axles of each quarter train are motorised with three-phase asynchronous drives. Like with class 480, their maximum speed is 100 km/h.

In September 1993, the first batch of 100 quarter trains was ordered from Deutsche Waggonbau Ammendorf (DWA), with AEG Schienenfahrzeuge (later ADtranz) in Hennigsdorf supplying the electrical equipment, among other parts. In 1995, the order was increased to 500 pairs. With the first 10 pre-series quarter trains being presented on 22 February 1996, the new train was first used in passenger service in December 1996, and by 1997, serial production had already begun. The new trains carried the traditional colours red and yellow, but in a rather boring style. Due to popular demand, a full traditional livery was applied on new trains from 1998 onwards, and later all earlier trains were repainted, too. Because of the shape of their large front window, class 481 trains were nicknamed 'diving goggles'. The two companies involved in the production of the 481 trains were taken over in 1998 and 2001, respectively, by Bombardier, which continued manufacturing them until the last of the 500 pairs was delivered in September 2004. Among these are three half-trains built in 2003, i.e. two permanently coupled quarter trains with an additional gangway, thus making them similar to an HK U-Bahn train. These trains are numbered 481/482 501/601 to 503/603.

BR 481 161 (16-04-2005) – Teltow Stadt – Viertelzug im originalen Anstrich, dahinter ein Wagen im traditionellen S-Bahn-Look, der sich schließlich durchsetzte.
– quarter train in original livery, followed by a car painted in traditional S-Bahn style, which later became the standard for all trains.

wie beim U-Bahn-Typ HK miteinander verbunden sind. Diese Wagen tragen die Nummern 481/482 501/601 bis 503/603.

Nachdem die BR 481 bereits über 10 Jahre im Dienst war, kam es vor allem im Winter zu erheblichen technischen Problemen, u.a. bei den Radsätzen und Bremsen, so dass zeitweise bis zu 50% der Fahrzeuge nicht einsatzbereit waren und ganze Streckenäste nicht bedient werden konnten bzw. ein Notfahrplan eingeführt werden musste. Mit erheblicher Anstrengung konnte das sog. „S-Bahn-Chaos" schließlich weitgehend beseitigt werden, denn trotz geplanter Beschaffung einer neuen Fahrzeuggeneration im Zusammenhang mit der Ausschreibung der Ringbahn werden diese Züge noch viele Jahre ihren Dienst leisten müssen.

After more than 10 years of service, class 481 trains have had significant technical problems in recent years, notably during the winter months, especially with wheelsets and brakes. This resulted in up to 50% of the entire fleet being unavailable at times, several branches having to be closed temporarily, and an emergency timetable being operated. These problems have finally been eliminated, and the so-called 'S-Bahn chaos' has disappeared from the daily news. Despite the intention to order a completely new type of train in conjunction with the tendering of the Ringbahn operation, the 481 stock will be necessary for the Berlin S-Bahn for many more years to come.

BR 481 (15-10-2002) – Innenraum | *interior*

BR 481 (10-04-2002) – alter und neuer Anstrich | *old vs. new livery*

Zoologischer Garten (14-09-2011) – moderner Steuerwagen eines Wendezugs – *modern driving trailer (control car) at the end of a push-pull train*

Berlin Hbf (20-09-2011) – Lok der BR 112 schiebt den RE1 nach Magdeburg. – *a class 112 locomotive pushing the RE1 to Magdeburg.*

Regionalverkehr

Neben dem dichten S-Bahn-Verkehr auf eigenen Gleisen mit Gleichstromzufuhr über eine seitliche Stromschiene findet in und um Berlin auch Regionalverkehr auf Ferngleisen unter Wechselstrom-Fahrleitung (15 kV 16,7 Hz) und im Mischbetrieb mit Fern- und Güterzügen statt. Auf einzelnen Nebenbahnen fahren außerdem Dieseltriebwagen als Regionalbahnen (RB).

Für den innerstädtischen Verkehr bzw. zwischen Berlin und den größeren Ansiedlungen im Tarifbereich C wie Potsdam, Falkensee, Oranienburg, Bernau oder Erkner spielen vor allem die RE-Linien (RegionalExpress) eine wichtige Rolle, da sie im Vergleich zur S-Bahn, die zwar häufiger verkehrt, aber an vielen Stationen hält, eine erhebliche Zeitersparnis bieten, zumal diese Züge anders als IC/EC und ICE voll in den VBB-Tarif integriert sind. Eine Fahrt von Potsdam zum Berliner Hauptbahnhof dauert beispielsweise mit dem RE 24 Minuten, mit der S-Bahn hingegen 38 Minuten, von Spandau braucht der RE über Zoo 13, über Jungfernheide gar nur 9 Minuten, während die S-Bahn 27 Minuten unterwegs ist! Allerdings fahren die meisten Regionallinien nur stündlich (RE1 halbstündlich) und durch ihre teils sehr langen Streckenläufe (z.B. bis Wismar, Rostock, Stralsund oder Elsterwerda) können häufiger Verspätungen auftreten.

Mit Inbetriebnahme des neuen Hauptbahnhofs und des daran anschließenden Nord-Süd-Tunnels im Mai 2006 wurde das Regionalnetz neu gestaltet, doch auch seither wurden wiederholt Äste getauscht. Im Jahr 2014 fahren sechs RE- und zwei RB-Linien quer durch die Stadt:

Regional Rail Service

Besides the high-frequency S-Bahn service on separate tracks with power supply via a third rail, Berlin and the surrounding region also enjoy a busy regional rail service. Operating on mainline tracks with overhead ac power supply (15 kV 16.7 Hz), it shares tracks with long-distance and freight trains. On some branch lines, diesel-powered trains run on 'Regionalbahn' services (RB).

For intra-urban transport, as well as connections between Berlin and the larger towns in fare zone C like Potsdam, Falkensee, Oranienburg, Bernau and Erkner, the RE lines (RegionalExpress) play an important role. This is because compared to the S-Bahn, which runs more frequently but stops at many stations, the RE provides a faster journey, and these trains, unlike the IC/EC and ICE trains, are fully integrated into the VBB fare system. A trip from Potsdam to Berlin Hauptbahnhof, for example, takes 24 minutes on the RE, but 38 minutes on the S-Bahn. From Spandau, the RE takes 13 minutes via Zoologischer Garten and only 9 minutes via Jungfernheide, while the S-Bahn requires 27 minutes! Most regional services, however, operate only hourly (RE1 half-hourly), and due to their extremely long routes (e.g. to Wismar, Rostock, Stralsund and Elsterwerda), they are more likely to accumulate delays.

With the inauguration of the new Hauptbahnhof and the north-south tunnel in May 2006, the regional rail network was restructured, although several branches have since been swapped. In 2014, six RE and two RB lines run across the city:

RE1 Magdeburg/Brandenburg (Havel) – Berlin Hbf – Frankfurt (Oder)/Eisenhüttenstadt/Cottbus
RE2 Wismar/Wittenberge – Berlin Hbf – Cottbus
RE3 Stralsund/Schwedt – Berlin Hbf (tief) – Elsterwerda
RE4 Rathenow – Berlin Hbf (tief) – Ludwigsfelde/(Jüterbog)
RE5 Rostock/Stralsund – Berlin Hbf (tief) – Lutherstadt Wittenberg/Falkenberg (Elster)
RE7 Dessau/Bad Belzig – Berlin Hbf – Wünsdorf-Waldstadt
RB14 Nauen – Berlin Hbf – Flughafen Berlin-Schönefeld
RB19 Berlin-Gesundbrunnen – Berlin Hbf (tief) – Flughafen Berlin-Schönefeld – Senftenberg

Mit Eröffnung des neuen Flughafens soll die Linie RE9 Berlin Hbf (tief) – Flughafen Berlin-Brandenburg über Südkreuz eingerichtet werden.

Während der Betrieb einzelner Regionalbahnlinien im Berliner Umland bereits seit Längerem in den Händen privater Bahnunternehmen (z.B. ODEG, NEB) ist, beherrschten die roten Züge der Deutschen Bahn AG bis Dezember 2012 die Hauptstrecken durch Berlin. Seither betreibt die ODEG die gut ausgelasteten Linien RE2 und RE4. Dafür wurden bei Stadler

When the new airport opens, line RE9 Berlin Hbf (tief) – Flughafen Berlin-Brandenburg via Südkreuz is planned to be introduced.

While several branch lines in the region around Berlin have been privately operated for some years now (e.g. by ODEG and NEB), the main cross-city routes through Berlin were dominated by red DB trains until December 2012, when ODEG took over the operation of the busy RE2 and RE4 lines. For this purpose, ODEG ordered 16 four-section double-deck EMUs

Berlin-Alexanderplatz > Friedrichstraße (14-03-2014) – ODEG-Triebwagen KISS am Montbijoupark als RE2 nach Cottbus
– *ODEG's EMU (KISS) at Montbijoupark on line RE2 to Cottbus*

Pankow 16 vierteilige elektrische Doppelstocktriebzüge vom Typ KISS in Gelb/Grün bestellt. Die DBAG setzt auf den Linien RE1, RE3 und RE5 hingegen Doppelstockwendezüge verschiedener Generationen ein, meist bespannt mit Lokomotiven der Baureihen 112 bzw. 143, seit Dezember 2011 auch der BR 182 ('Taurus'). Ältere Doppelstockwagen stammen noch aus der Zeit der DDR-Reichsbahn. Diese wurden in den vergangenen Jahren u.a. auf den Linien zum Flughafen, nämlich RE7, RB14 sowie RB19, durch einstöckige Triebwagen vom Typ Talent 2 (BR 442) von Bombardier ersetzt.

(electric multiple units) of the KISS type from Stadler Pankow, which were delivered in a yellow/green livery. Deutsche Bahn AG, however, uses double-deck push-pull trains with carriages of different generations on its lines RE1, RE3 and RE5; these are mostly hauled by locomotives of class 112, 143 or, since December 2011, 182 ('Taurus'). The older double-deck carriages date back to the days of the GDR Reichsbahn, but many of them have been replaced in recent years by single-deck EMUs of Bombardier's Talent 2 (class 442), most notably on the lines to the airport (e.g. RE7, RB14 and RB19).

Berlin-Friedrichstraße (18-02-2007) – ein Wendezug überquert die Spree.
– *push-pull train crossing the River Spree.*

Berlin-Charlottenburg (12-03-2014) – Talent 2 der DBAG als RE7 nach Dessau
– *DBAG's Talent 2 on line RE7 to Dessau*

Zingster Straße (07-11-2011)
– eines der ersten Flexity-Serienfahrzeuge in der langen Einrichtungsversion, Nr. 8003, an der Endstelle in Hohenschönhausen, dahinter wartet GT6N Nr. 1101.
– *one of the first serial-production long single-ended Flexity trams, no. 8003, at the Hohenschönhausen terminus, with GT6N no. 1101 in the background*

Die Berliner Straßenbahn

🆃 Das Netz

Mit einer Gesamtstreckenlänge von etwa 175 km im Fahrgastbetrieb befahrenen Strecken (mit Betriebsstrecken etwa 189 km)
ist das Berliner Straßenbahnnetz heute das drittgrößte weltweit
nach Melbourne (245 km) und St. Petersburg (ca. 205 km), nur
unwesentlich kleiner sind die Netze in Wien (167 km) und Moskau (ca. 163 km). Deutschlands größtes zusammenhängendes
Netz, das allerdings aus Meterspur- und Normalspurstrecken
sowie aus Straßenbahn- und Hochflur-Stadtbahnlinien besteht
und von verschiedenen städtischen Verkehrsgesellschaften betrieben wird, findet man jedoch im Rhein-Ruhr-Gebiet von Krefeld
über Düsseldorf, Duisburg und Essen bis Bochum (ca. 440 km).
Ähnliches gilt für das zusammenhängende Stadtbahn-/Straßen-
bahnnetz im Raum Köln/Bonn (240 km). Ebenfalls übertroffen
wird das Berliner Netz von dem der Rhein-Neckar-Verkehr GmbH
(RNV), das 2005 aus den vormals selbständigen Betrieben in
Ludwigshafen, Mannheim und Heidelberg entstand und die Über-
landstrecken der ehemaligen Rhein-Haardt-Bahn (RHB) und der
Oberrheinischen Eisenbahn (OEG) einschließt (ca. 200 km).

Neben der gelben Tram der BVG fahren im Großraum von
Berlin noch Straßenbahnen von vier weiteren Betrieben (Strausberg, Schöneiche-Rüdersdorf, Woltersdorf und Potsdam – alle
im Tarifbereich C), die am Ende dieses Buches kurz vorgestellt
werden. Mit einem Tagesausflug kann man von Berlin aus auch
bequem die übrigen Straßenbahnen im Land Brandenburg
erkunden, nämlich in Brandenburg an der Havel, Cottbus und
Frankfurt (Oder).

The Berlin Tram System

🆃 The Network

*With a total of approximately 175 km of routes in passenger
service (some 189 km including non-revenue tracks), the
Berlin tram system is the third largest in the world after
Melbourne (245 km) and St. Petersburg (approx. 205 km), but
only slightly larger than those in Vienna (167 km) and Moscow
(approx. 163 km). Germany's largest continuous system,
however, can be found in the Rhine-Ruhr area, which extends
from Krefeld via Düsseldorf, Duisburg and Essen all the way
to Bochum (approx. 440 km). It includes metre and standard-
gauge lines as well as high-floor light rail and low-floor tram
routes, which are operated by different municipal agencies. The continuous tram/light rail system in the Cologne/
Bonn region (240 km) has similar characteristics. The Berlin
network is also beaten by that of the Rhine-Neckar-Verkehr
GmbH (RNV), which includes the interurban routes of the
former Rhine-Haardt-Bahn (RHB) and Oberrheinische Eisenbahn (OEG) (approx. 200 km). Since 2005, RNV has been the
sole operator in the Ludwigshafen, Mannheim and Heidelberg
region.*

*Besides the yellow BVG trams in Berlin proper, the Berlin
region offers four other tram systems (Strausberg, Schöneiche-Rüdersdorf, Woltersdorf and Potsdam – all in fare
zone C), which are briefly described at the end of this book.
The remaining tram systems in the State of Brandenburg,
namely Brandenburg an der Havel, Cottbus and Frankfurt
(Oder), can easily be visited on a day trip from Berlin.*

Karl-Liebknecht-Straße/Mollstraße (22-08-2009)
– Tatra Doppeltraktion 7003+7007 ist wegen Bauarbeiten am Alexanderplatz auf Umwegen unterwegs Richtung Hackescher Markt.
– *Due to track work at Alexanderplatz, Tatra trams 7003+7007 run on a diversion route on their way to Hackescher Markt.*

Tierpark (28-04-2007)
– GT6N Nr. 1059 hält als M17 Richtung Schöneweide direkt über dem U-Bahnhof der U5.
– *GT6N no. 1059 on a line M17 service to Schöneweide stops directly above the U5 underground station.*

Otto-Braun-Straße/Mollstraße (16-10-2011)
– Zeitweise kommen Zweirichtungsfahrzeuge auch auf Linien zum Einsatz, die diese wegen vorhandener Wendeschleifen nicht benötigen, wie hier GT6N Nr. 2028 auf der Linie M4 Richtung Alexanderplatz.
– *Occasionally, double-ended trams can also be seen on lines which do not require them as turning loops are available: GT6N no. 2028 on an M4 service heading for Alexanderplatz.*

Das aktuelle Berliner Straßenbahnnetz besteht aus 22 Linien, wovon neun als MetroTram-Linien bezeichnet werden. Diese im Dezember 2004 eingeführten Hauptlinien verkehren tagsüber mindestens im 10-Minuten-Takt, einige wie die M2, M4 oder M10 meist alle 5 Minuten. Auf der Linie M4 fahren die Straßenbahnen in der Hauptverkehrszeit sogar alle 3-4 Minuten abwechselnd nach Falkenberg und zur Zingster Straße in Hohenschönhausen. Die Linie M1 bedient ihre beiden nördlichen Äste (Rosenthal Nord und Niederschönhausen/Schillerstraße) ebenfalls abwechselnd. MetroTram-Linien mit einstelligen Nummern führen vom Stadtzentrum in die Außenbezirke (Nummerierung im Uhrzeigersinn von M1 bis M8, ohne M3 und M7), tangentiale MetroTram-Linien tragen hingegen zweistellige Nummern: M10, M13 und M17. Die übrigen 13 Linien sind „normale" Tramlinien, die mindestens alle 20 Minuten unterwegs sind, einige davon, z. B. die Linien 16, 50 und 62 (bis Mahlsdorf-Süd) fahren tagsüber alle 10 Minuten. Anders als bei den MetroTram-Linien findet auf diesen 13 Linien jedoch zwischen Mitternacht und ca. 4:30 Uhr kein durchgehender Nachtbetrieb statt. Auf zahlreichen Abschnitten wird der Takt durch Überlappung von zwei Linien, manchmal nur zu gewissen Tageszeiten, verdichtet. Alle Linien mit 60er Nummern gehören zum Köpenicker Teilnetz.

Die Berliner Straßenbahn ist normalspurig und größtenteils zweigleisig. Längere eingleisige Abschnitte findet man nur auf dem M1-Ast nach Rosenthal sowie auf der Linie 62 zwischen S-Bahnhof Mahlsdorf und Mahlsdorf-Süd. Eher kurze eingleisige

Berlin's tram system today comprises 22 lines, nine of which are classified as MetroTram lines. This category was introduced in December 2004 for the most important routes, which run at least every 10 minutes during daytime hours, with some like the M2, M4 and M10 usually operating every 5 minutes. During peak hours, M4 trams even run every 3-4 minutes, going alternately to Falkenberg and Zingster Straße in Hohenschönhausen. The northern branches of line M1 (Rosenthal Nord and Niederschönhausen/Schillerstraße) are also served alternately. MetroTram lines with single-digit numbers run from the city centre towards the outer suburbs (numbered clockwise from M1 to M8, excluding M3 and M7!), while tangential MetroTram lines have two-digit numbers: M10, M13 and M17. The other 13 lines are 'normal' tram lines, which operate at least every 20 minutes, although some of them, like lines 16, 50 and 62 (up to Mahlsdorf-Süd), also run every 10 minutes during daytime hours. Unlike the MetroTram lines, they do not operate between midnight and approx. 04:30. On many sections, headways are reduced by overlapping lines, in some cases only at specific times. All the lines with 60+ numbers belong to the Köpenick sub-network.

The Berlin tram system is standard-gauge and mostly double-track. Lengthy single-track sections can be found on the M1 branch to Rosenthal, as well as on line 62 between S-Bahnhof Mahlsdorf and Mahlsdorf-Süd. Short single-track stretches exist on the outer section of line M1 to Schiller-

Köpenicker Chaussee/Heizkraftwerk (25-09-2011)
– Ein für Berlin heute eher untypisches Panorama, eine Straßenbahn (hier Tatra Tw. 6050) vor Industriekulisse, bietet sich dem Fotografen auf der Linie 21 vor dem Heizkraftwerk Klingenberg in Rummelsburg.
– *Nowadays in Berlin a rather unusual panorama, a tram (here Tatra no. 6050) in an industrial setting; this view is possible on line 21 as it passes the Klingenberg thermal power station in Rummelsburg.*

Abschnitte gibt es noch auf dem letzten Stück des M1-Astes zur Schillerstraße in Niederschönhausen, auf dem nördlichsten Teil der Linie M2 in Heinersdorf, auf dem äußeren Abschnitt der Linie 60 zum Wasserwerk in Friedrichshagen sowie am Marktplatz in Adlershof. Kurze Gleisverschlingungen findet man auf der Bösebrücke am S-Bahnhof Bornholmer Straße sowie in der Unterführung unter den Bahngleisen westlich des S-Bahnhofs Rummelsburg (Linie 21). Während ältere Abschnitte im innerstädtischen Bereich straßenbündig sind, wurden neuere Strecken, vor allem in den östlichen Außenbezirken, weitgehend stadtbahnmäßig, d.h. auf eigenem Gleiskörper, trassiert. Auf der Neubaustrecke von 2006 entlang der Bernauer Straße sowie auf der derzeit im Bau befindlichen Strecke in der Invalidenstraße zum Hauptbahnhof müssen sich die Straßenbahnen den Platz mit dem Individualverkehr teilen. Auf dem Gesamtnetz wird auf Sicht gefahren. Die Stromzufuhr erfolgt über Oberleitung mit 600 V Gleichstrom.

straße in Niederschönhausen, on the northernmost section of line M2 in Heinersdorf, on the outer section of line 60 to Wasserwerk in Friedrichshagen, as well as at Marktplatz in Adlershof. Short sections of interlaced tracks can be found on the Bösebrücke at S-Bahn station Bornholmer Straße, as well as on line 21 where it passes under the railway tracks west of S-Bahn station Rummelsburg. While the older sections in the inner city are embedded in the roadway, the newer sections, especially those to the new housing estates in the eastern suburbs, boast a light rail-type alignment. On the new section opened along Bernauer Straße in 2006, as well as on the route now under construction along Invalidenstraße to Hauptbahnhof, trams have to share road lanes with motorised traffic. The entire system is operated on a line-of-sight basis. 600 V dc is supplied via an overhead wire.

Osloer Straße (18-04-2011)
– Übergang zur U-Bahn auf der einzigen wesentlichen Tramstrecke im Westteil der Stadt
– *Interchange with the U-Bahn on the only significant tram route in former West Berlin*

Geschichte der Berliner Straßenbahn

🛈 Das Zeitalter der Pferde- und Dampfstraßenbahnen

Am 22. Juni 1865 fuhr im heutigen Berlin die erste Pferdebahn Deutschlands. Die von der *Berliner Pferde-Eisenbahn-Gesellschaft E. Besckow* errichtete Strecke führte anfangs vom Brandenburger Tor durch den Tiergarten zum Schloss Charlottenburg, sie wurde aber bereits wenige Monate später vom Brandenburger Tor über die Dorotheenstraße zum Kupfergraben verlängert. Die ursprüngliche Strecke wurde nach und nach erweitert und das Netz der ab 1894 als *Berlin-Charlottenburger Straßenbahn* verkehrenden Gesellschaft erreichte schließlich u.a. Westend, den Kurfürstendamm sowie Moabit.

1873 nahm ein zweites Unternehmen, die *Große Berliner Pferde-Eisenbahn-Aktiengesellschaft*, den Betrieb auf der Strecke Rosenthaler Platz – Gesundbrunnen auf, und bald wurde daraus tatsächlich das größte Tramnetz der damaligen Stadt Berlin sowie der angrenzenden Städte, sei es durch Verlängerung der eigenen Strecken, sei es durch Übernahme anderer Betriebe, die nach und nach entstanden waren, wie die 1874 gegründete *Neue Berliner Pferdebahn-Gesellschaft*, die vor allem auf den Relationen zwischen Berlin und Weißensee bzw. Lichtenberg unterwegs war. Ab 1898 firmierte Berlins dominierendes Verkehrsunternehmen zu Recht als *Große Berliner Straßenbahn* (GBS).

Wegen Rauchbelästigung wurde der Betrieb von Dampfstraßenbahnen im Innenstadtbereich nicht gestattet. Im Jahr 1886 entstand daher eine Strecke entlang des damals noch weitgehend unbebauten Kurfürstendamms vom Zoologischen Garten bis Halensee, sowie 1888 vom Nollendorfplatz nach Schmargendorf. Daraus wurde wenig später das *Berliner Dampfstraßenbahn-Konsortium*, das auf der Kurfürstendamm-Linie nicht wie sonst üblich Dampflokomotiven einsetzte, sondern so genannte Rowan'sche Dampftriebwagen. Um durchgehende Linien in die Berliner Innenstadt zu schaffen, endete der Dampfbetrieb zehn Jahre später im Zuge der beginnenden Elektrifizierung des Gesamtnetzes.

Im Zeitalter vor der elektrischen Straßenbahn entstanden auf dem Gebiet des späteren Groß-Berlins noch zahlreiche, oft kommunale Straßenbahnbetriebe, wie die *Cöpenicker Pferde-Eisenbahn* (1882), die *Friedrichshagener Straßenbahn* (1891), die *Spandauer Straßenbahn Simmel, Matzky und Müller* (1892) oder die *Dampfstraßenbahn Groß-Lichterfelde – Seehof – Teltow* (1887).

🛈 Elektrifizierung

Der elektrische Betrieb von Schienenverkehrsmitteln ist eng mit dem Namen Werner von Siemens verbunden. Dieser stellte bereits 1879 auf einer Gewerbeausstellung die technische Machbarkeit des elektrischen Antriebs vor, die praktische Anwendung, vor allem im öffentlichen Straßenraum, wurde jedoch noch stark angezweifelt. Siemens übernahm deshalb eine ungenutzte normalspurige Materialbahn, die vom Bahnhof Lichterfelde auf der Anhalter Bahn (heute Lichterfelde Ost) zur Kadettenanstalt in der heutigen Finckensteinallee führte. Die 2,4 km lange Strecke wurde auf Meterspur umgebaut und am 16. Mai 1881 als erste elektrische Straßenbahn der Welt in Betrieb genommen. Sie verlief allerdings nur teilweise im Straßenraum und ihre Stromversorgung hatte wenig mit späteren Straßenbahnen zu tun, denn ähnlich wie bei Modelleisenbahnen erfolgte die Stromzufuhr mit 180 V Gleichstrom über die Schienen, eine als Hin- und eine als Rückleiter. An Bahnübergängen kam es zu einigen tragischen Unfällen, da der Stromkreis durch über die Gleise laufende Pferde geschlossen werden konnte. Siemens selbst sah den Versuch eher als Modell für den Bau von Hochbahnen, wie sie in Berlin ab 1902 in Betrieb war. 1890 wurde die Strecke schließlich zum heutigen Bahnhof Lichterfelde West verlängert, nun allerdings mit Oberleitung und Rollenstromabnehmer. Im selben Jahr hatte das Konkurrenzunternehmen AEG in Halle

History of the Berlin Tram

🛈 The Age of Horse and Steam Tramways

Germany's first horse tramway began operating in what is now Berlin on 22 June 1865. The line was built by the 'Berliner Pferde-Eisenbahn-Gesellschaft E. Besckow', and went from the Brandenburg Gate through the Tiergarten to the Charlottenburg Palace, but only a few months later it was extended from the Brandenburg Gate via Dorotheenstraße to Kupfergraben. The initial line was gradually expanded into a proper network, now operated as the 'Berlin-Charlottenburger Straßenbahn', which reached Westend, Kurfürstendamm and Moabit.

In 1873, a second operator, the 'Große Berliner Pferde-Eisenbahn-Aktiengesellschaft' started operating a horsetram line from Rosenthaler Platz to Gesundbrunnen. This was the beginning of what would soon become the largest system in Berlin and its surrounding cities, either by expanding its own lines or by taking over other companies which had been emerging, like the 'Neue Berliner Pferdebahn-Gesellschaft', founded in 1874 and operating mostly from Berlin to Weißensee and Lichtenberg. In 1898, Berlin's main transport operator was aptly renamed the 'Große Berliner Straßenbahn' (GBS).

Because of the smoke pollution, the operation of steam trams was not allowed in the inner city, and therefore in 1886, a steam tram route was built from Zoologischer Garten to Halensee along Kurfürstendamm, which was at that time a largely undeveloped avenue, and in 1888, from Nollendorfplatz to Schmargendorf. Shortly after, these lines became part of the 'Berliner Dampfstraßenbahn-Konsortium'. On the Kurfürstendamm line, they did not use common steam locomotives, but so-called Rowan steam railcars. In order to create through lines into the inner city, steam operation was discontinued ten years later when the electrification of the entire network began.

In the era prior to electric trams, a large number of mostly municipal tram companies emerged on the territory that would later become Greater Berlin, like the 'Cöpenicker Pferde-Eisenbahn' (1882), the 'Friedrichshagener Straßenbahn' (1891), the 'Spandauer Straßenbahn Simmel, Matzky und Müller' (1892), and the 'Dampfstraßenbahn Groß-Lichterfelde – Seehof – Teltow' (1887).

🛈 Electrification

Electric railway operation is closely linked with the name of Werner von Siemens. Although Siemens had already proved the technical feasibility of electric traction at a trade fair in 1879, its practical application, especially on public streets, was still a subject of serious debate. Siemens therefore purchased an unused standard-gauge goods railway, which linked Lichterfelde station on the Anhalter Bahn (now Lichterfelde Ost) to the cadet school on today's Finckensteinallee. The 2.4 km route was rebuilt to metre gauge and opened as the first electric tramway in the world on 16 May 1881. It only partly followed public roads and its power supply had little in common with later tramways, because much like model trains, 180 V dc was supplied via the two rails, one functioning as a feed and the other as a return. Some tragic accidents occurred at level crossings when horses crossing the track closed the circuit. For Siemens, the experimental line was more a test track for future elevated railways, like the one in service in Berlin from 1902. In 1890, the line was extended to today's station Lichterfelde West, but this section was now operated with an overhead wire and a trolley pole. That same year, Siemens' competitor AEG opened Germany's first fully electric tram service in Halle (Saale). By 1893, the original section of the Lichterfelde line had been converted to trolley operation. The line then became the nucleus of an extensive narrow-gauge network in the southwest of Berlin, with some routes being rebuilt to standard gauge (1435 mm) after their integration into the municipal Berlin tram system in 1921.

Der 1890 für die *Große Berliner Pferdebahn-Gesellschaft* gebaute Decksitz-
wagen Nr. 627 war von 1959 bis 2012 im Verkehrsmuseum Dresden zu sehen.
– *This double-deck horsetram car, no. 627, was built in 1890 for the 'Große
Berliner Pferdebahn-Gesellschaft'; it was on display at the Dresden Transport
Museum from 1959 to 2012.*

(Saale) Deutschlands ersten elektrischen Straßenbahnbetrieb
eingerichtet. Bis 1893 wurde auch der ursprüngliche Abschnitt
der Lichterfelder Versuchsstrecke auf Oberleitungsbetrieb um-
gerüstet. Nach und nach entstand daraus im Südwesten Berlins
ein ausgedehntes Meterspurnetz, das erst nach Eingliederung
ins Netz der *Berliner Straßenbahn* 1921 teilweise auf die sonst
übliche Standardspurweite (1435 mm) umgebaut wurde.

1882/83 unternahm Siemens weitere Versuche mit elek-
trischem Oberleitungsbetrieb auf einer Strecke der *Berlin-Charlottenburger Straßenbahn* im Charlottenburger Stadtteil Westend.
1886 kam es in Charlottenburg kurzzeitig auch zu Versuchen
mit Akkumulatorenbetrieb, ein regulärer reiner Batteriebetrieb
wurde schließlich 1897 auf Berlins ältester Pferdebahnstrecke
eingerichtet. Zwei Jahre später wurde daraus ein Mischbetrieb,
da so während der Fahrt unter Oberleitung die Akkumulatoren
aufgeladen werden konnten, doch bis 1902 verschwanden auch
diese wegen ihrer Störanfälligkeit.

Das Zeitalter der elektrischen Straßenbahn im heutigen
Sinn begann in Berlin schließlich am 10. September 1895, als
Siemens & Halske den Betrieb auf der Strecke von Gesundbrunnen (Prinzenallee/Badstraße) nach Pankow (Breite Straße)
aufnahm. Als Stromabnehmer wurde bereits ein Schleifbügel
eingesetzt. Eine weitere Strecke von der Behrenstraße in der
Stadtmitte zum Rathaus Treptow, wo eine Gewerbausstellung
stattfand, folgte ein Jahr später. Um Oberleitungen im Stadtzentrum zu vermeiden, gab es bis 1903 auf einem 2,1 km langen
Abschnitt entlang der Mauerstraße eine Unterleitung nach dem
Schlitzkanalsystem. Aus der *Siemens & Halske-Bahn* wurde
1899 die *Berliner Elektrische Straßenbahnen AG* (BESTAG).

Die groß angelegte Elektrifizierung des GBS-Netzes begann
ebenfalls im Zuge der Gewerbausstellung im Treptower Park ab
Mai 1896. Die GBS transportierte Besucher nun vom Zoolo-
gischen Garten sowie von Stadtmitte (Ritter-/Lindenstraße) mit
elektrischen Bahnen zum Ausstellungsgelände. Die elektrische
Ausrüstung stammte von der Union-Elektrizitäts-Gesellschaft
(UEG, später Teil der AEG), wobei anders als bei der BESTAG
ein Rollenstromabnehmer zum Einsatz kam. Wie bei der BES-
TAG gab es im Innenstadtbereich aus ästhetischen Gründen
Abschnitte mit Unterleitung, auch der Mischbetrieb mit Akkumulatoren wurde getestet. Bis 1902, als auch die erste Strecke der
Hoch- und Untergrundbahn eröffnet wurde, war die Elektrifizierung des GBS-Netzes abgeschlossen. Gleichzeitig erhielten alle
Linien Nummern bzw. Buchstaben, welche die zuvor verwende-
ten Farbkennzeichnungen ablösten. Inzwischen hatte die *Große
Berliner Straßenbahn* mehrere kleinere Betriebe übernommen
und war an einigen in die umliegenden Städte führenden „Vorortbahnen" mehrheitlich beteiligt.

🇹 Netzerweiterung

Nach Elektrifizierung der Bestandsstrecken wurden nicht nur
die Netze der bereits existierenden Betriebe, vor allem der
GBS, ausgebaut, sondern es entstanden sogar noch neue
Betriebe. Neben Siemens & Halske war auch die *Allgemeine
Elektricitäts-Gesellschaft* (AEG) daran interessiert, in Berlin ein
Schnellbahnnetz zu errichten. Offensichtlich beeinflusst von den
ersten Röhrenbahnen in London wollte die AEG auch in Berlin
in größerer Tiefe bauen. Um die Machbarkeit solcher Tunnel
im weichen Berliner Untergrund zu demonstrieren, begann die
AEG im Februar 1896 mit dem Bau eines 454 m langen Tunnels
mittels Schildvortrieb unter der Spree im Bereich Treptower Park/
Stralau. Die neu gegründete Firma *Berliner Ostbahnen* nahm
am 18. 12. 1899 den Betrieb vom heutigen Ostbahnhof nach

*In 1882/83, Siemens carried out further tests with electric
traction using an overhead power supply on a 'Berlin-Charlottenburger Straßenbahn' route in the Charlottenburg neighbourhood of Westend. In 1886, Charlottenburg also became the
site of the trial operation of battery-powered trams, with the
regular operation of this type starting in 1897 on Berlin's oldest horsetram route; this was changed to mixed operation two
years later, which allowed the batteries to be recharged while
the trams were operating under an overhead wire. Due to poor
reliability, it was discontinued in 1902.*

*The era of electric trams as we know them today finally be-
gan in Berlin on 10 September 1895, when 'Siemens & Halske'
opened a route from Gesundbrunnen (Prinzenallee/Badstraße)
to Pankow (Breite Straße) using pantographs for power collection. A second route followed a year later from Behrenstraße in
the city centre to the town hall in Treptow, where a huge trade
fair was taking place. To avoid overhead wires in the city centre, a 2.1 km section along Mauerstraße was equipped with an
underground conduit. In 1899, the Siemens & Halske tramway
became the 'Berliner Elektrische Straßenbahnen AG' (BESTAG).*

*The large-scale electrification of the GBS network also
began in May 1896, in time for the Trade Fair in Treptower
Park. The GBS carried visitors from Zoologischer Garten and
the city centre (Ritter-/Lindenstraße) to the fairgrounds using electric trams. The electrical equipment came from the
Union-Elektrizitäts-Gesellschaft (UEG, later part of AEG),
which unlike the BESTAG, used a trolley pole for power collection. As with the BESTAG, there was underground power
collection in the city centre for aesthetic reasons, and mixed
operation with batteries was also tested. By 1902, when the
first stretch of the 'Hoch- und Untergrundbahn' [elevated and
underground railway] was opened, the electrification of the
GBS network had been completed. At the same time, numbers
or letters were assigned to all the lines, replacing the previously used colour codes. Meanwhile, the 'Große Berliner*

Nachbau des Wagens 10 der *Cöpenicker Straßenbahn*, hier am 12. Juli 2009 auf Sonderfahrt auf der Weidendammer Brücke nördlich des Bahnhofs Friedrichstraße (Bernhard Kußmagk)
– *Replica of car no. 10 of the 'Cöpenicker Straßenbahn', on a special ride on 12 July 2009 on Weidendammer Brücke just north of Friedrichstraße station*

Stralau und von dort durch den eingleisigen Tunnel zum Platz am Spreetunnel in Treptow auf. Der geringe Tunneldurchmesser von nur 3,75 m erforderte den Einsatz kleinerer Wagen als sonst üblich. Die Strecke wurde anschließend Richtung Schöneweide, Johannisthal und Köpenick verlängert.

In der Umgebung von Berlin entstanden zu Beginn des elektrischen Tram-Zeitalters noch weitere kleinere Betriebe, wie bereits 1898 die *Südliche Berliner Vorortbahn* im Bereich Rixdorf (heute Neukölln), Tempelhof und Schöneberg, 1899 die *Straßenbahn Berlin – Hohenschönhausen* (später *Nordöstliche Berliner Vorortbahn*) oder 1913 von Tegel ausgehend die *Straßenbahn Heiligensee*. Bescheiden blieb das Netz der 1905 eingerichteten *Straßenbahn der Gemeinde Steglitz*. Aus der einstigen Versuchsstrecke in Lichterfelde war mittlerweile ein weitreichendes Netz der *Teltower Kreisbahnen* geworden, die neben Normalspurstrecken bis 1930 auch Schmalspurstrecken betrieben. Erst 1912 wurde die *Schmöckwitz-Grünauer Uferbahn* in Betrieb genommen. In Spandau begann der elektrische Betrieb auf den ehemaligen Pferdebahnen bereits 1896, in Köpenick hingegen erst 1903. Im Bereich zwischen der heutigen Siemensstadt und Spandau richtete Siemens & Halske im Jahr 1908 eine eigene Straßenbahnlinie ein (*Elektrische Straßenbahn Spandau – Nonnendamm*), um den Arbeitern die Anfahrt zu den Siemens-Werken zu erleichtern. Eine ähnliche Funktion erfüllte die 1923 eröffnete *Kleinbahn Spandau-West – Hennigsdorf*, auf der jedoch bis 1929 mit Benzoltriebwagen gefahren wurde.

Während die Stadt Berlin 1903 sämtliche Aktien der von Siemens & Halske gegründeten BESTAG übernahm, gründete die Stadt schließlich auch einen eigenen Betrieb, die *Städtischen Straßenbahnen Berlin* (SSB), und eröffnete 1908 eine erste

Straßenbahn' had acquired several smaller companies and was involved in some suburban tramways to the surrounding cities and towns.

⊤ Network Expansion
After the electrification of the existing routes, the different networks were extended, most notably that of the GBS, but some new operators also emerged. Besides Siemens & Halske, the 'Allgemeine Elektricitäts-Gesellschaft' (AEG) also intended to build a rapid transit system for Berlin. Obviously inspired by the early tube lines in London, AEG planned to dig deep beneath Berlin. In February 1896, to demonstrate the feasibility of tunnelling through the soft Berlin soil, AEG began to excavate a 454 m tunnel under the River Spree in the Stralau/ Treptower Park area with the help of a manual shield. The newly-founded company 'Berliner Ostbahnen' started operating on 18 Dec 1899 from today's Ostbahnhof to Stralau, and from there through the single-track tunnel to Platz am Spreetunnel in Treptow. The small tunnel diameter of just 3.75 m necessitated the use of smaller trams than usual. The route was later extended towards Schöneweide, Johannisthal and Köpenick.

Around Berlin, the start of the electric tram era saw the foundation of several smaller tram companies, like the 'Südliche Berliner Vorortbahn' in the area of Rixdorf (now Neukölln), Tempelhof and Schöneberg in 1898, the 'Straßenbahn Berlin - Hohenschönhausen' (later 'Nordöstliche Berliner Vorortbahn') in 1899, and starting from Tegel, the 'Straßenbahn Heiligensee' in 1913. The network of the 'Straßenbahn der Gemeinde Steglitz', founded in 1905, remained rather small, while the early test route in Lichterfelde developed into the large network

Zweiachser-Triebwagen 2082 („Neu-Berolina") der *Großen Berliner Straßenbahn* (Baujahr 1901, außer Dienst gestellt 1930) am 11. September 1994 am Depot Niederschönhausen (Bernhard Kußmagk)
– 2-axle motor car no. 2082 ('Neu-Berolina') of the 'Große Berliner Straßenbahn' (built in 1901, withdrawn in 1930), on display on 11 September 1994 at the Niederschönhausen depot

Strecke entlang des Straßenzugs Bernauer/Danziger Straße, im Westen weiter zum Virchow-Krankenhaus und im Osten zum Zentral-Viehhof. 1910 übernahmen die SSB eine von der *Hoch- und Untergrundbahn-Gesellschaft* als östliche Anschlussstrecke an die erste Hochbahnlinie entlang der Warschauer Straße gebaute „Flachbahn", stattdessen wurde eine zweite Flachbahn-strecke von Warschauer Brücke zum Roedeliusplatz in Lichtenberg genehmigt. Allmählich dehnte sich das SSB-Netz nach Süden aus, teilweise durch Mitbenutzung der Gleise der GBS.

Um die Prachtstraße Unter den Linden frei von kreuzenden Straßenbahnen zu bekommen und trotzdem Direktverbindungen quer durch das Stadtzentrum anbieten zu können, begann 1914 der Bau des viergleisigen Lindentunnels. Dieser wurde am 17. Dezember 1916 in Betrieb genommen und von allen drei großen Straßenbahngesellschaften genutzt. An der Nordseite lag eine viergleisige Rampe östlich der Humboldt-Universität neben dem heutigen Gorki-Theater, an der Südseite gab es je eine zwei-gleisige Rampe auf dem heutigen Bebelplatz sowie zwischen Staatsoper und Operncafé. Ein ähnlicher Tunnel war vor dem Brandenburger Tor geplant, dieser wurde jedoch nie verwirklicht.

T Netzvereinigung

Nachdem die Bevölkerung in der Region Berlin um die Jahrhundertwende als Folge der Industrialisierung stark angewachsen war, wurde 1912 der Zweckverband Groß-Berlin ins Leben gerufen, dessen Aufgabe es unter anderem war, den öffentlichen Schienennahverkehr zu koordinieren. Neben dem alten Berlin, das in etwa die heutigen Bezirke Mitte (mit Tiergarten, Moabit und Wedding) und Friedrichshain-Kreuzberg umfasste, waren auch Charlottenburg, Wilmersdorf, Lichtenberg, Neukölln, Schöneberg

of the 'Teltower Kreisbahnen', including standard-gauge and, until 1930, narrow-gauge routes. The 'Schmöckwitz-Grünauer Uferbahn' was only opened in 1912. In Spandau, electric operation on the former horsetram routes had begun in 1896, and in Köpenick only in 1903. Between Spandau and today's Siemensstadt, Siemens & Halske opened their own line in 1908 ('Elektrische Straßenbahn Spandau – Nonnendamm') to carry workers to the Siemens factories. The 'Kleinbahn Spandau-West – Hennigsdorf', opened in 1923, had to fulfil a similar task, although this route was operated with benzene-powered railcars until 1929.

In 1903, the City of Berlin acquired all the shares in BE-STAG, the company founded by Siemens & Halske. Subsequently, the city launched its own tram company, the 'Städtische Straßenbahnen Berlin' (SSB), opening its first route along Bernauer Straße/Danziger Straße in 1908, with a western extension to the Virchow Hospital and an eastern to Zentral-Viehhof. In 1910, the SSB took over an eastern feeder line built by the 'Hoch- und Untergrundbahn-Gesellschaft' along Warschauer Straße to connect with their first metro line, and to compensate for this, the city granted them permission to build another feeder line from Warschauer Brücke to Roedeliusplatz in Lichtenberg. Gradually, the SSB network was expanded southwards, partly by sharing GBS tracks.

In order to free Berlin's central boulevard Unter den Linden from crossing trams but still allow direct links across the city centre, the construction of the four-track 'Lindentunnel' began in 1914. It was brought into service on 17 Dec 1916 and was shared by the three big tram companies. On the northern side, there was a four-track ramp east of Humboldt University,

Potsdamer Platz/Leipziger Straße – Reger Straßenbahnverkehr herrschte vor dem Zweiten Weltkrieg auf dieser wichtigen Ost-West-Achse, wie diese Postkarte aus den frühen 1930er Jahren zeigt. Von 1961 bis 1989 verlief quer durch diese Ansicht die Berliner Mauer. (Slg. Olaf Wenke)
– *Before World War II, tram traffic on this important east-west route was busy, as this postcard from the early 1930s illustrates. From 1961 until 1989, the Berlin Wall cut right across this view.*

und Spandau zu wichtigen, jedoch noch unabhängigen Groß-
städten herangewachsen. Dazu kamen größere Ansiedlungen in
den benachbarten Landkreisen Teltow und Niederbarnim. Im Jahr
1916 hatte allein das Streckennetz der *Großen Berliner Straßenbahn* eine Länge von 265 km, also etwa ein Drittel größer als das
heutige. Dazu kamen zusammen 123 km von vier Vorortbahnen,
die allerdings Tochtergesellschaften der GBS waren. Im Bereich
des alten Berlins verkehrten noch die Straßenbahnen der BES-
TAG, der *Berliner Ostbahnen*, der „Flachbahn" der Hochbahngesellschaft sowie der *Berliner Städtischen Straßenbahnen*, deren
Netze zusammen rund 80 km ausmachten. In den äußeren Vor-
orten, die später ebenfalls Teil Berlins werden würden, existierten
damals noch die *Teltower Kreisbahnen*, die *Städtische Straßenbahn Cöpenick*, die *Spandauer Straßenbahn*, die *Straßenbahn
der Gemeinde Heiligensee*, die *Schmöckwitz-Grünauer Uferbahn*
sowie die *Straßenbahn der Gemeinde Steglitz*, die zusammen
weitere 105 km ins zukünftige Gesamtnetz einbrachten.

Nachdem die GBS 1919 vom Zweckverband Groß-Berlin
aufgekauft worden war, begann nach der Gründung Groß-Berlins
am 1. Oktober 1920, weitgehend in den heutigen Stadt- bzw.
Landesgrenzen, am 13. Dezember desselben Jahres der Zu-
sammenschluss aller auf dem neuen Stadtgebiet operierenden
Straßenbahnbetriebe in der neuen *Berliner Straßenbahn*. Nachdem die Strecke nach Schmöckwitz 1925 eingegliedert worden
war, wurde dieser Prozess schließlich 1928 mit der Übernahme
der kurzen Flachbahn der Hochbahngesellschaft von Warschauer Brücke nach Lichtenberg abgeschlossen. Mit Gründung der
Berliner Straßenbahn wurde der Wagenpark vereinheitlicht. Da
etwa vier Fünftel der rund 2400 Triebwagen und etwa drei Viertel
der rund 1600 Beiwagen von der GBS bzw. deren Tochtergesellschaften stammten, wurde der Stangenstromabnehmer als
Standard bei allen Fahrzeugen übernommen. Ab 1924 kamen
die ersten Fahrzeuge des Typs T24/B24, der lange das Berliner
Stadtbild prägte, in den Verkehr.

next to what is now the Gorki-Theater. On the southern side,
however, there were two double-track ramps, one at today's
Bebelplatz and one between the Staatsoper and the Operncafé.
A similar tunnel was planned in front of the Brandenburg Gate,
but it was never built.

⛶ Network Unification
With the population in the Berlin region having grown
significantly around the turn of the century as a result of
industrialisation, the 'Zweckverband Groß-Berlin' [municipal
federation] was established in 1912 to coordinate, among
other things, public transport. Besides the old City of Berlin,
which comprised today's districts of Mitte (including Tiergarten, Moabit and Wedding) and Friedrichshain-Kreuzberg, the
neighbouring towns of Charlottenburg, Wilmersdorf, Lichtenberg, Neukölln, Schöneberg and Spandau had also become
major urban centres, although they remained independent
municipalities. The conurbation spread into the neighbouring
counties of Teltow and Niederbarnim. In 1916, the tram system operated by the 'Große Berliner Straßenbahn' alone had
a length of 265 km, i.e. about a third more than the present
network. This was complemented by some 123 km of the four
suburban tram systems, all of which were subsidiaries of the
GBS. Within the old Berlin city limits, approximately 80 km of
routes was added to the overall system length by the BESTAG,
the 'Berliner Ostbahnen', the "Flachbahn" operated by the
'Hochbahngesellschaft', as well as the 'Berliner Städtische
Straßenbahnen'. In the outer suburbs, which later became
part of Berlin, several other companies existed with a total
network length of 105 km: the 'Teltower Kreisbahnen', the
'Städtische Straßenbahn Cöpenick', the 'Spandauer Straßen-
bahn', the 'Straßenbahn der Gemeinde Heiligensee', the
'Schmöckwitz-Grünauer Uferbahn' and the 'Straßenbahn der
Gemeinde Steglitz'.

Ebertstraße/Brandenburger Tor – Die Straßenbahnachse an der Westseite des Brandenburger Tors (im Hintergrund links das Reichstagsgebäude) sollte Anfang des 20. Jahrhunderts, wie beim Lindentunnel geschehen, unter die Erde verlegt werden. (Postkarte Ende 1930er Jahre, Vlg. Hermann Schmidt/Slg. Olaf Wenke) – *In the early 20th century, there were plans to put the tram route underground on the western side of the Brandenburg Gate (the Reichstag is in the background), as was done with the 'Lindentunnel'. (Postcard, late 1930s)*

🇹 Gründung der BVG, Zweiter Weltkrieg und Teilung Berlins
Nachdem bereits am 15. März 1927 ein einheitlicher Tarif für Straßenbahn, Bus und U-Bahn eingeführt worden war, entstand am 1. Januar 1929 auch ein einheitlicher kommunaler Verkehrsbetrieb, die *Berliner Verkehrs-Aktiengesellschaft* (BVG). Das Straßenbahnnetz hatte zu dieser Zeit eine Streckenlänge von 634 km und bestand aus 89 Linien. Den 1859 Trieb- und 1789 Beiwagen standen 20 Betriebshöfe zur Verfügung. 1938 wurde aus der Aktiengesellschaft ein „Eigenbetrieb der Stadt Berlin", die *Berliner Verkehrs-Betriebe* (BVG).

Nach einem starken Rückgang der Fahrgastzahlen aufgrund steigender Arbeitslosigkeit während der Wirtschaftskrise Anfang der 1930er Jahre erlebte die Straßenbahn mangels Alternativen im Zweiten Weltkrieg einen neuen Höhepunkt. Es wurde auf vielen Strecken sogar Güterverkehr durchgeführt. Die Luftangriffe ab 1940 hatten jedoch auch auf das Straßenbahnnetz und den Fahrzeugpark erhebliche Auswirkungen, auch wenn der Betrieb auf Außenstrecken bis Kriegsende aufrechterhalten werden konnte. Im Mai 1945 waren große Teile der Oberleitungs- und Gleisanlagen beschädigt, nur etwa ein Fünftel aller Fahrzeuge war einsatzfähig. Der Wiederaufbau des Grundnetzes ging, auch auf Druck der sowjetischen Besatzungsmacht, zügig voran, und nachdem im Juli 1945 auch die westlichen Alliierten in Berlin eingezogen waren, war bis Ende des Jahres etwa die Hälfte des Netzes wieder befahrbar. Einige Wagen mussten als Reparationsleistung an Warschau abgegeben werden. Gegen Ende 1946 stand wieder fast das gesamte Straßenbahnnetz zur Verfügung, auch wenn es wegen Strommangels, insbesondere während der Berlin-Blockade, oft zu Einschränkungen kam. Ab 1948 wurde der bislang übliche Rollenstromabnehmer nach und nach durch Scherenstromabnehmer ersetzt. Nach Kriegsende bestand das einheitliche Verkehrsnetz vorerst weiter, jedoch mit der Einführung unterschiedlicher Währungen Mitte 1948 im sowjetischen Sektor einerseits und in den drei westlichen Sektoren

The GBS was purchased by the 'Zweckverband Groß-Berlin' in 1919, before Greater Berlin was finally founded on 1 October 1920, basically creating the city we know today. This paved the way for a merging process, launched on 13 December of that same year, which would ultimately integrate all the tram lines in the expanded city into one operating company, the 'Berliner Straßenbahn'. With the line to Schmöckwitz having been taken over in 1925, the process was concluded in 1928 with the integration of the Hochbahn feeder line from Warschauer Brücke to Lichtenberg. Consequently, the rolling stock was standardised. As about four-fifths of the 2400 motor cars and some three-quarters of the 1600 trailers came from the GBS or one of its subsidiaries, power collection with trolley poles became the standard on the entire system. In 1924, the first cars of type T24/B24 were introduced, and for many decades they remained the most typical tram vehicles in Berlin.

🇹 Foundation of the BVG, World War II and the Divided City
With a unitary fare system having been established on 15 March 1927 for trams, buses and U-Bahn, a unitary transport agency was founded on 1 January 1929, the 'Berliner Verkehrs-Aktiengesellschaft' (BVG). At that time, the tram system had a route length of 634 km with 89 lines, 1859 motor cars, 1789 trailers, and 20 depots and workshops. In 1938, the BVG changed from a joint-stock company to a municipal company, the 'Berliner Verkehrs-Betriebe' (BVG).

During the economic crisis of the early 1930s, passenger figures fell drastically due to the high unemployment, but thanks to the lack of alternatives, tram ridership reached a new peak during World War II. Many routes were even used for goods traffic.

The air raids which hit the city from 1940 on had dramatic consequences for the track network and rolling stock, although trams kept running on the outer sections until the end of the

andererseits begann die faktische Teilung des Netzes. Am 1. August 1949 spaltete sich der Verkehrsbetrieb schließlich in eine BVG-West und eine BVG-Ost. Etwas mehr als ein Drittel aller Fahrzeuge wurde gemäß der Größe des bedienten Streckennetzes der BVG-Ost zugeteilt. Es existierten jedoch weiterhin einige Linien, die durch beide Teile der Stadt führten. An der Sektorengrenze wechselten die Schaffner und es wurden Kontrollen durchgeführt. Außerdem gab es bis 1950 noch zwei Linien, die von West-Berlin ins Umland führten. Der durchgehende Betrieb auf den übrigen Linien endete im Januar 1953: Auslöser dafür war der Einsatz von Straßenbahnfahrerinnen durch die BVG-Ost, da Frauen in dieser Funktion im damaligen West-Berlin nicht zugelassen waren! Die Fahrgäste mussten fortan die Sektorengrenze zu Fuß überschreiten, bis auch dies durch den Bau der Berliner Mauer am 13. August 1961 unterbunden wurde.

🇹 Niedergang der Straßenbahn in West-Berlin
Während Anfang der 1950er Jahre noch die letzten, für die Straßenbahn wichtigen Brücken wiederhergestellt und bis 1955 einzelne Strecken wieder in Betrieb genommen wurden, besiegelte man 1953 faktisch das Ende der Straßenbahn in West-Berlin, als ein ursprünglich für den Kauf neuer Fahrzeuge vorgesehener Kredit zur Anschaffung von Doppelstockbussen verwendet wurde. Die Tram sollte vor allem aus der Innenstadt

Der 1912 für die *Große Berliner Straßenbahn* gebaute Triebwagen 5256 ist am 9. September 1990 im Zustand von 1932 unterwegs auf Sonderfahrt in der Köpenicker Bahnhofstraße. (Bernhard Kußmagk)
– *Motor car no. 5256 was originally built for the 'Große Berliner Straßenbahn' in 1912; here it is on a special ride in its 1932 look on 9 September 1990 on Bahnhofstraße in Köpenick.*

war. By May 1945, a large proportion of the overhead equipment and tracks had been damaged, and only about a fifth of the trams were in operating condition. Under pressure from the Soviet occupation force, the rebuilding of the basic network was immediately started, and with the western allied forces having arrived in Berlin in July 1945, too, about half of the network was operational by the end of the year. Some tram cars, however, had to be sent to Warsaw as reparations. By the end of 1946, almost the entire tram system was back in service, although frequently, and especially during the Berlin Blockade, the service was limited by power shortages. From 1948, the previously common trolley pole was gradually replaced with pantographs. Since the end of the war, public transport had functioned as a single system, but the introduction in mid-1948 of different currencies in the Soviet sector on one side, and in the three western sectors on the other side, meant the de facto division of the public transport system. On 1 August 1949, the operating company was split into BVG-Ost and BVG-West. About a third of the vehicles were assigned to the eastern BVG, which corresponded to the proportion of the network served there. Several lines, however, continued to operate from one side to the other, with the conductors swapping and controls being carried out at the sector borders. Until 1950, two lines also went from West Berlin to neighbouring towns outside Berlin. Through service on the other lines ceased in January 1953, triggered by the fact that female drivers, employed by the BVG-Ost, were not allowed to operate on western territory! Passengers therefore had to cross the sector border on foot until the erection of the Berlin Wall on 13 August 1961 put an end to this, too.

🇹 Decline of the Tram System in West Berlin
While the last bridges necessary for the tram system were rebuilt in the early 1950s, and some routes were even reopened until 1955, the decision to close West Berlin's tramway was

Hardenbergstraße/Steinplatz – Mitte der 1950er Jahre war auch in West-Berlin das Straßenbahnnetz wieder aufgebaut, bevor es dann im nächsten Jahrzehnt völlig verschwand. Auf dieser Postkarte ist links die Hochschule der Künste und im Hintergrund die Ruine der Kaiser-Wilhelm-Gedächtniskirche sowie der Bahnhof Zoologischer Garten zu sehen. (Foto Hans Hartz, Vlg. Hans Andres/Slg. Olaf Wenke)
– By the mid-1950s, the West Berlin tram system had been fully rebuilt, but it was abandoned in the following decade. This postcard shows the University of Arts on the left, with the damaged Kaiser Wilhelm Memorial Church and Zoologischer Garten station in the background.

verschwinden, was ab Juli 1954 auf dem Kurfürstendamm auch umgesetzt wurde. Als Folge des Mauerbaus kam es in West-Berlin zu einem Boykott der von der DDR-Reichsbahn betriebenen S-Bahn, so dass 1961 mehrere Straßenbahnlinien verstärkt werden mussten.

Bis zum 2. Oktober 1967, als die Linie 55 als letzte vom Bahnhof Zoologischer Garten nach Hakenfelde in Spandau (teilweise auf der Route der ersten Berliner Pferdebahn!) fuhr, wurden nach und nach die meisten Linien auf Autobusbetrieb umgestellt, gleichzeitig ersetzten auch neue U-Bahn-Linien bestehende Tramstrecken. Man folgte dabei einem Trend, der vor allem in der westlichen Welt weit verbreitet war und Länder wie Frankreich, Spanien oder Großbritannien, die heute eine gewisse Tram-Renaissance durchleben, quasi straßenbahnfrei machte. In West-Deutschland folgte vor allem Hamburg dem West-Berliner Beispiel und verabschiedete sich schließlich 1978 vollkommen von der Straßenbahn, während Köln zum Vorreiter des Umbaus der traditionellen Straßenbahn in eine moderne Stadtbahn wurde. Bereits zwei Jahre vor der Straßenbahn verschwanden in West-Berlin auch die O-Busse, die jedoch nur auf wenigen, nicht miteinander verbundenen Linien in Steglitz und Spandau unterwegs waren.

Zwischen 1978 und 1991 konnten aber auch die West-Berliner wieder in die Straßenbahn einsteigen, ohne dafür extra in den Ostteil der Stadt fahren zu müssen: Auf der 1972 stillgelegten Hochbahntrasse zwischen den Stationen Nollendorfplatz und Bülowstraße, die jeweils als Flohmarkt bzw. Basar genutzt wurden, verkehrte der Triebwagen 3344 (Baujahr 1927) als Museumsstraßenbahn!

actually made in 1953, when a loan granted for the purchase of new trams was used to buy double-decker buses instead. The tramway was to disappear from the city centre, and from July 1954, this new policy was put into practice on Kurfürstendamm. To protest against the erection of the Wall, West Berliners boycotted the S-Bahn, which was operated by the East German Reichsbahn, and as a result, service on several tram lines had to be reinforced.

By 2 October 1967, when the last tram ran on line 55 from Zoologischer Garten to Hakenfelde in Spandau (partly following the route of Berlin's first horse tram), most tram lines had gradually been changed to bus operation, although some routes were replaced by new U-Bahn lines. In so doing, West Berlin was following a trend in the western world which would make entire countries almost tram-free, like the UK, France and Spain, all of which are enjoying a degree of tram revival nowadays. Hamburg was the major city in West Germany to follow the West Berlin example when it got rid of its tram system in 1978, whereas Cologne became a pioneer in the upgrading of a conventional tram system into a modern light rail system. Trolleybuses had already disappeared in West Berlin two years before the tramway, but they had only operated on a few routes in Steglitz and Spandau.

Between 1978 and 1991, West Berliners were again able to board a tram without travelling to the eastern part of the city: on an elevated U-Bahn route closed in 1972, vintage tram car no. 3344 (built in 1927) shuttled between Nollendorfplatz and Bülowstraße stations, which had become home to a flea market and a bazaar, respectively.

Bahnhofstraße/Lindenstraße (25-06-1978) – Ein Zweirichtungs-Rekozug (Tw. 223 012 mit zwei Beiwagen) biegt laut quietschend und rumpelnd von der Bahnhofstraße in die Lindenstraße in Köpenick ein. Die Linie 84 war die letzte, die noch eine Kuppelendstelle hatte, so dass zum Zeitpunkt dieser Aufnahme an der südlichen Endstelle Am Falkenberg in Altglienicke noch rangiert werden musste. (Bernhard Kußmagk)
– *This Reko train, made of double-ended motor car no. 223 012 and two trailers, creaks and rumbles as it turns around the corner from Bahnhofstraße into Lindenstraße in Köpenick. Line 84 was the last without a turning loop, so at the time this photo was taken, the motor car still had to shunt at the Am Falkenberg terminus in Altglienicke.*

■ Die Straßenbahn in Ost-Berlin

Nach Aufspaltung der BVG entwickelte sich der städtische Schienennahverkehr in den beiden Stadthälften allmählich in unterschiedliche Richtungen. Während in West-Berlin bereits Anfang der 1950er Jahre der U-Bahn-Bau fortgesetzt wurde und die Straßenbahn nach und nach stillgelegt wurde, blieb diese in Ost-Berlin gemeinsam mit der S-Bahn das Hauptverkehrsmittel, denn schließlich verblieben im Ostsektor nur zwei eher kurze U-Bahn-Linien. Dennoch kam es auch bei der Ost-Berliner Straßenbahn zu einigen Streckenstilllegungen, vor allem im Innenstadtbereich. Bereits 1951 wurde der Betrieb in der Königstraße (heute Rathausstraße) und durch den Lindentunnel eingestellt. Später wurden zahlreiche kürzere Abschnitte, oft in Grenznähe, aufgegeben. Gleichzeitig wurde begonnen, sämtliche Kuppelendstellen durch Kehrschleifen zu ersetzen. Dieser Prozess dauerte allerdings bis 1980, als auch in Altglienicke einfacher und schneller gewendet werden konnte. Ab 1959 wurde der Fahrzeugpark erneuert, einerseits mit neuen Wagen vom Typ „Gotha" und andererseits mit als „Reko"-Wagen bekannten Fahrzeugen, die aus Bestandteilen älterer Wagen hergestellt wurden, ein Programm, das bis 1970 fortgesetzt wurde und fast 300 Triebwagen und fast 400 Beiwagen umfasste.

Mitte der 1960er Jahre, als das Zentrum der „Hauptstadt der DDR" nach modernen Gesichtspunkten („sozialistischer Städtebau") neugestaltet wurde, empfand man auch im Osten die alte Straßenbahn als störendes Element, weshalb ab 1967 im Bereich des Alexanderplatzes und ab 1970 auch in der Leipziger Straße, einst eine der meistbefahrenen Straßenbahnstrecken Europas, keine Trams mehr zu sehen waren. Als einzige Strecken im Herzen der Stadt verblieben die über die Rosenthaler und Alte Schönhauser Straße zum Hackeschen Markt sowie die entlang der Oranienburger und Friedrichstraße zum Kupfergraben führenden. Stattdessen wurden die Straßenbahnen ab 1966/67

■ The Tram System in East Berlin

After the splitting of the BVG, the development of urban rail went in different ways in the two parts of the divided city. While West Berlin continued U-Bahn construction in the early 1950s and eventually abandoned the tramway system completely, East Berlin was left with only two rather short U-Bahn lines. But even East Berlin closed several tram routes, especially in the central area. By 1951, trams had stopped running on Königstraße (now Rathausstraße) and through the 'Lindentunnel'. Later, several shorter stretches, especially near the inner-city border, were given up. At the same time, all termini were gradually rebuilt with terminal loops to obviate the need for time-consuming shunting, but this took until 1980, when a loop was brought into service at Altglienicke, too. Rolling stock renewal began in 1959, partly by purchasing new 'Gotha' trams, and partly by rebuilding old vehicles into so-called 'Reko' cars – this recycling programme continued until 1970 and included almost 300 motor cars and 400 trailers.

In the mid-1960s, the centre of the GDR capital was redeveloped into a 'socialist city'. This concept had no place for the old-fashioned tramway, and the area around Alexanderplatz was thus stripped of trams in 1967, as was Leipziger Straße, once one of the busiest tram routes in Europe, in 1970. The only routes leading into the city centre proper were those along Rosenthaler Straße and Alte Schönhauser Straße to Hackescher Markt, and along Oranienburger Straße and Friedrichstraße to Kupfergraben. Instead, the trams were diverted onto a new route along Mollstraße (like the present M8), actually bypassing the centre. The routes along Mühlenstraße/Stralauer Allee (1967-69) and Köpenicker Landstraße/Schnellerstraße (1973) in Treptow were abandoned to allow for the upgrading of East Berlin's main southern road access,

auf einer Neubaustrecke entlang der Mollstraße quasi wie die heutige Linie M8 um das eigentliche Zentrum herumgeführt. Die Strecken entlang der Mühlenstraße/Stralauer Allee (1967-69) und Köpenicker Landstraße/Schnellerstraße (1973) im Bezirk Treptow wurden aufgegeben, als diese Straßenzüge als Teil der Haupteinfallstraße aus Richtung Süden für den steigenden Autoverkehr ausgebaut wurden. Außerdem verlief hier parallel eine wichtige S-Bahn-Strecke. Im Jahr 1969 wurde aus der Ost-Berliner BVG das *VEB Kombinat Berliner Verkehrsbetriebe* (BVB).

Auch wenn in den 1950er und 1960er Jahren kürzere Neubauabschnitte, teilweise durch Verlegung bestehender Strecken, entstanden, begann der Ausbau des Straßenbahnnetzes im großen Stil erst Mitte der 1970er Jahre im Zuge der Errichtung von Großsiedlungen am östlichen Stadtrand, in Hohenschönhausen, Marzahn und Hellersdorf. Als Teil einer neuen Nord-Süd-Tangentialverbindung entlang der damals ausgebauten Rhinstraße wurde am 2. Nov. 1975 der südliche Abschnitt von der Herzbergstraße/Allee der Kosmonauten bis zur Straße Alt-Friedrichsfelde in Betrieb genommen, wo sie an die bestehende Strecke am Tierpark anschloss. Für die neuen Straßenbahnstrecken kamen ab November 1977 die ersten Tatra-Fahrzeuge vom Typ KT4D nach Berlin. Über die Allee der Kosmonauten und den S-Bahnhof Springpfuhl erreichten die Straßenbahnen am 6. April 1979 den südlichen Bereich des Neubaugebiets Marzahn (Endstelle Elisabethstraße; 3,1 km). Am 17. März 1980 folgte die zweite, nördlichere Strecke entlang der Leninallee (heute Landsberger Allee) bis zum S-Bahnhof Marzahn (4,9 km). Beide Strecken wurden schließlich am 6. Oktober 1982 bis zur Schleife Henneckestraße (heute Wuhletalstraße; 4,9 km) verlängert. Ab dem 21. Dezember 1984 wurde auch das Neubaugebiet an der

a corridor also frequently served by S-Bahn trains. In 1969, the eastern BVG became the 'VEB Kombinat Berliner Verkehrsbetriebe' (BVB).

Although several short sections were also built in the 1950s and 1960s, sometimes to relocate existing routes, large-scale tram expansion in East Berlin only started in the mid-1970s, when some large new housing estates were laid out in the eastern suburbs, notably in Hohenschönhausen, Marzahn and Hellersdorf. As part of the new north-south tangential route along the new Rhinstraße, the southern section opened on 2 Nov 1975 from Herzbergstraße/Allee der Kosmonauten to Alt-Friedrichsfelde, where it connected to the existing route at Tierpark [zoo]. The first Tatra KT4D trams for the new routes arrived in Berlin in November 1977. Going along Allee der Kosmonauten and via S-Bahn station Springpfuhl trams reached the southern parts of the new Marzahn area on 6 April 1979 (Elisabethstraße terminus; 3.1 km). The second route, further north along Leninallee (now Landsberger Allee), followed on 17 March 1980, and initially ended at S-Bahn station Marzahn (4.9 km). Both routes were then extended north to the turning loop at Henneckestraße (now Wuhletalstraße; 4.9 km) on 6 October 1982. On 21 December 1984, the new housing estate on Zingster Straße in the northern part of Hohenschönhausen was linked by tram via an extension from the Gehrenseestraße loop (3.3 km), while the gap on the Rhinstraße route between Allee der Kosmonauten and Hohenschönhausen/Hauptstraße (2.6 km) was closed on 1 April 1985. That same day, the first 1.3 km section of the route to Hellersdorf, up to Betriebshof Marzahn (the tram depot), was opened, too. On 6 October 1986, the northern route in Marzahn was extended by 1.6 km

Neue Schönhauser Straße (22-04-1980) – Wie die Häuserfassaden war auch der Zustand der meisten Gleisanlagen in den 1970er und 1980er Jahren heruntergekommen. Ein Einrichtungs-Rekozug (Tw 217 089 mit zwei Beiwagen) ist hier vom Stadion der Weltjugend kommend nach Hohenschönhausen unterwegs; seit 2007 findet auf diesem Abschnitt kein Linienbetrieb mehr statt. (Bernhard Kußmagk)
– Like the façades of the buildings, the tracks were rather deteriorated in the 1970s and 1980s. This Reko train (single-ended tram no. 217 089 with two trailers) is on its way from Stadion der Weltjugend to Hohenschönhausen; this section has been without regular service since 2007.

① **Mahlsdorfer Straße** (27-06-1987) – Die Geräuschentwicklung der Gotha-Großraumwagen (hier Tw 218 008 mit Beiwagen) war unbeschreiblich, insbesondere wenn sie auf desolaten Gleisanlagen wie hier in Köpenick unterwegs waren. (Bernhard Kußmagk)
– *The Gotha trams (here car no. 218 008 with a trailer) made an incredible noise, especially when they rode on worn-out tracks like here in Köpenick.*

② **Alte Schönhauser Straße** (22-04-1980) – Mit den Tatra-Wagen kam etwas Farbe ins Ost-Berliner Stadtbild, obwohl die Zweiachser noch den Verkehr in der Innenstadt dominierten. Tw 219 147 biegt als Linie 72 auf dem Weg nach Weißensee in die Alte Schönhauser Straße im Scheunenviertel ein. (Bernhard Kußmagk)
– *The Tatra trams brought some colour to East Berlin's streets, although the 2-axle trams still dominated the tram tracks in the city centre. Car no. 219 147 is on its way to Weißensee on line 72 as it turns into Alte Schönhauser Straße.*

③ **Vetschauer Allee/Schappachstraße** (24-04-1991) – Der Anfang der 1960er Jahre gebaute Gotha-Großraumtriebwagen 218 045 ist mit Beiwagen in den letzten Monaten seiner Einsatzzeit auf der ehemaligen Linie 86 (heute 68 – Uferbahn) unterwegs von Schmöckwitz nach Köpenick. (Maurits van den Toorn)
– *A few months before being retired, Gotha tram car no. 218 045, built in the early 1960s, and a trailer are in service on the former line 86 from Schmöckwitz to Köpenick (now line 68).*

Zingster Straße im Norden von Hohenschönhausen mit einer Neubaustrecke ab Schleife Gehrenseestraße (3,3 km) an das Tramnetz angeschlossen, bevor am 1. April 1985 auch die Lücke auf der Rhinstraßenstrecke zwischen Allee der Kosmonauten und Hohenschönhausen/Hauptstraße (2,6 km) geschlossen werden konnte. Gleichzeitig ging der erste Abschnitt Richtung Hellersdorf bis zum Betriebshof Marzahn in Betrieb (1,3 km). Am 6. Oktober 1986 wurde die Marzahner Nordstrecke bis zur heutige Endstelle Ahrensfelde verlängert (1,6 km). Seit dem 10. August 1987 kann man den Prerower Platz in Hohenschönhausen auch von Weißensee aus über die Hansastraße erreichen (2,0 km). Dieselbe Neubaustrecke wurde am 20. August 1988 über den S-Bahnhof Hohenschönhausen zur Endstelle Falkenberg verlängert (1,7 km). Somit wurden in den letzten 20 Jahren der DDR in deren Hauptstadt insgesamt 25,4 km Neubaustrecken in Betrieb genommen.

to its present terminus at Ahrensfelde. On 10 August 1987, trams began running to Prerower Platz in Hohenschönhausen on a new route built from Weißensee along Hansastraße (2.0 km). The same route was extended via S-Bahn station Hohenschönhausen to the present terminus Falkenberg (1.7 km) on 20 August 1988. With all these extensions, the East Berlin tram network grew by 25.4 km in the GDR's last 20 years.

S-Bahnhof Mahlsdorf (24-05-1979) – Gotha-Großraumzüge TDE beherrschten einst das Bild auf den damaligen Köpenicker Linien 83 und 86 (heute 62 und 68). (Bernhard Kußmagk)
– *Mostly Gotha TDE trams were then in service on the Köpenick lines 83 & 86 (now 62 & 68).*

❷

❸

① **Seelenbinderstraße** (06-05-1990) – Reko-Zug aus Tw 217 289 und zwei Beiwagen auf einer schaukelnden Fahrt durch Köpenick (Bernhard Kußmagk)
– *Reko motor car no. 217 289 and two trailers on a rocking ride through Köpenick*

② **Pasedagplatz** (22-03-1997) – ein modernisierter Tatra KT4D-Wagen in BVG-Gelb wartet in der Endschleife neben Tw 219 115 in alter Lackierung. (B. Kußmagk)
– *A modernised Tatra KT4D tram in yellow BVG livery waiting at the turning loop next to car no. 219 115 in old livery.*

③ **Hackescher Markt** (28-05-1993) – Tatra KT4Dt-Triebwagen 219 420 (später 7015, doch 2010 nach Stettin abgegeben) hält als Linie 1 Richtung Betriebshof Weißensee noch an der Nordseite des S-Bahnhofs, der von 1951 bis 1992 Marx-Engels-Platz hieß. (Maurits van den Toorn)
– *Tatra KT4D car no. 219 420 (later no. 7015; sold to Szczecin in 2010) ready to depart on a line 1 service to Weißensee, with the stop then still located on the northern side of the S-Bahn station, which used to be called Marx-Engels-Forum from 1951 to 1992.*

▪ Die Straßenbahn im wiedervereinten Berlin

Nach der Wiedervereinigung Deutschlands und Berlins am 3. Oktober 1990 folgte am 1. Januar 1992 die Wiedervereinigung der beiden kommunalen Verkehrsbetriebe, welche seither als *Berliner Verkehrsbetriebe* (BVG), eine Anstalt des öffentlichen Rechts, firmieren. Im Bereich der Straßenbahn bedurfte es keines Zusammenschlusses, da dieses Verkehrsmittel damals ohnehin nur im Ostteil der Stadt vorhanden war. Während am östlichen Stadtrand ein bereits vor der Wende begonnenes Ausbauprojekt vollendet wurde (seit 1. Mai 1991 fahren die Bahnen bis zur Riesaer Straße in Hellersdorf – 4,3 km), kam es am 1. Januar 1993 im Südosten der Stadt zur Stilllegung des Abschnitts S-Bahnhof Adlershof – Altglienicke der damaligen Linie 84 (2,8 km). Im Mai desselben Jahres folgte eine umfassende Netzreform. Gleichzeitig entstanden Pläne für eine weitreichende Wiedereinführung der Tram im Westteil der Stadt. Den Anfang machte bereits am 14. Oktober 1995 die 2,5 km lange Strecke von Björnsonstraße über den S-Bahnhof Bornholmer Straße (mit Gleisverschlingung auf der Bösebrücke) und U-Bahnhof Osloer Straße bis zum Louise-Schroeder-Platz im Westbezirk Wedding (heute Teil des Bezirks Mitte). Hier kamen die ersten, seit Mitte 1994 ausgelieferten Niederflurfahrzeuge zum Einsatz. Zwei Jahre später, am 25. Oktober 1997, wurde dieselbe Strecke entlang der Seestraße bis zum Virchow-Klinikum verlängert (2,5 km). Man könnte hier von einem Wiederauf-

▪ The Tram System in the Reunited City

After the reunification of Germany and of Berlin on 3 October 1990, the merger of the two municipal transport agencies into the 'Berliner Verkehrsbetriebe' (BVG) followed on 1 January 1992. The tram system as such did not require any reunification, as it had only survived in the eastern part of the city. While a project initiated before 1989 was finished on 1 May 1991, when trams reached Riesaer Straße in Hellersdorf (4.3 km), a 2.8 km section in the southeast of the city from S-Bahn station Adlershof to Altglienicke (the former line 84) was abandoned on 1 January 1993. In May of that year, the network was completely restructured, and ambitious plans were unveiled to bring trams back to West Berlin. The first such route, opened on 14 October 1995, was a 2.5 km section running from Björnsonstraße to Louise-Schroeder-Platz in the western district of Wedding (now part of Mitte), via S-Bahn station Bornholmer Straße (with interlaced tracks on the Bösebrücke) and U-Bahn station Osloer Straße. It was served by Berlin's first low-floor trams, which had been delivered since mid-1994. Two years later, on 25 October 1997, the same route was extended along Seestraße to Virchow-Klinikum (2.5 km). The same corridor had been served by the old line 3 until 1 August 1964. With this first extension, however, the big tram revival in West Berlin had already come to an end: except for the new route on Bernauer Straße, opened

Seestraße/Amrumer Straße (18-04-2011) – Tatra KT4D-Doppeltraktion auf der breiten Trasse der ehemaligen Linie 3, die hier bis 1964 fuhr, zuletzt allerdings noch weiter über Beusselstraße und Richard-Wagner-Platz bis zum Fehrbelliner Platz. 1997 kehrte die Straßenbahn zurück, doch die einzige wesentliche Strecke im ehemaligen West-Berlin endet weiterhin am Virchow-Klinikum.
– *Two-car Tatra KT4D set on the wide alignment formerly served by line 3. Before it closed in 1964, it continued via Beusselstraße and Richard-Wagner-Platz to Fehrbelliner Platz. The trams returned in 1997, but still terminate at the Virchow-Klinikum on what is now the only significant route in the former West Berlin.*

bau sprechen, denn bis 1. August 1964 fuhr auf dieser Strecke die Linie 3. Damit war der Straßenbahn-Boom auf West-Berliner Gebiet jedoch bereits wieder vorbei, denn abgesehen von der am 28. Mai 2006 eröffneten Strecke entlang der Bernauer Straße, die bis 1989 an der Südseite durch die Mauer begrenzt war, von Eberswalder Straße bis zum Nordbahnhof (1,7 km), wurden bis dato im ehemaligen West-Berlin keine neuen Strecken in Betrieb genommen.

Nachdem am 20. Dezember 1997 die Trasse der Straßenbahn zum Kupfergraben aus der Planckstraße herausgenommen und direkt zum Bahnhof Friedrichstraße geführt worden war, kehrte die Tram schließlich am 18. Dezember 1998 auf den Alexanderplatz zurück, nachdem von der Kreuzung Mollstraße/ Otto-Braun-Straße über Karl-Liebknecht-Straße und Spandauer Straße zum Hackeschen Markt eine 2 km lange Neubaustrecke errichtet worden war. Am 28. Mai 2000 folgte ein kurzes Stück (400 m) zum U-Bahnhof Warschauer Straße, das als erster Abschnitt einer Neubaustrecke zum Hermannplatz gedacht war, denn auch auf der Oberbaumbrücke wurden dazu bereits Gleise verlegt. Als Vorleistung für eine Tramstrecke vom Alexanderplatz zum Potsdamer Platz liegen auch in der Leipziger Straße bereits Gleise. Ob diese jemals genutzt werden, ist derzeit unklar. Im Bezirk Pankow wurde am 29. September 2000 eine 1,4 km lange Strecke von Französisch Buchholz/ Kirche entlang des Rosenthaler Wegs zur Guyotstraße (Linie 50) eröffnet.

Mit Einführung der MetroTram-Linien am 12. Dezember 2004 wurden einige Linienläufe angepasst, seither gab es in

on 28 May 2006 along the northern side of the old Berlin Wall from Eberswalder Straße to Nordbahnhof (1.7 km), no new routes have since been opened on former West Berlin territory.

With the tram tracks on the route to Kupfergraben having been relocated from Planckstraße to the Friedrichstraße railway station on 20 December 1997, trams also returned to Alexanderplatz on 18 December 1998, after a 2 km link had been built from Mollstraße/Otto-Braun-Straße via Karl-Liebknecht-Straße and Spandauer Straße to Hackescher Markt. This was followed on 28 May 2000 by a short 400 m section to improve transfers at Warschauer Straße U-Bahn station; this section was meant to be the beginning of a new route to Hermannplatz, and tracks were therefore laid on the Oberbaumbrücke, too. In provision for a new tram route from Alexanderplatz to Potsdamer Platz, tracks were also embedded in the roadway on Leipziger Straße; it is not certain whether these will ever be used. Meanwhile, in the district of Pankow, a 1.4 km extension from Französisch Buchholz/Kirche along Rosenthaler Weg to Guyotstraße (line 50) opened on 29 September 2000.

The introduction of MetroTram lines on 12 December 2004 was accompanied by a major restructuring of the network, but the lines have generally remained the same since then. A short, though very important new route (850 m) allowing M2 trams to reach Alexanderplatz directly from Prenzlauer Allee (corner Mollstraße) via Karl-Liebknecht-Straße, instead of being diverted to Hackescher Markt via Alte Schönhauser Straße,

Karl-Ziegler-Straße (04-09-2011) – Tatra KT4D-Triebwagen 6089 in Doppeltraktion an der Endstelle von Berlins neuester Straßenbahnstrecke in die Wissenschaftsstadt Adlershof. Warum man sich hier für eine überfahrbare, nicht ampelgesicherte Haltestelle entschieden hat, ist unklar, auch wenn der Fahrgastandrang des Eröffnungstages, wie auf diesem Bild zu sehen, seither wohl kaum mehr erreicht wurde. Die Strecke soll eines Tages über den Groß-Berliner Damm zum S-Bahnhof Schöneweide verlängert werden.
– *A two-car Tatra KT4D set with leading car no. 6089 is boarding at the outer terminus of Berlin's newest tram route, that to the Wissenschaftsstadt Adlershof. It is not clear why this stop was designed with the platform actually being the road lane and also without traffic lights; on normal days, however, the number of passengers, as seen here on opening day, will probably be lower. This route may eventually be extended via Groß-Berliner Damm to S-Bahn station Schöneweide.*

dieser Hinsicht keine wesentlichen Änderungen mehr. Eine kurze, jedoch sehr wesentliche Neubaustrecke (850 m) erlaubt seit dem 30. Mai 2007 den Straßenbahnen der Linie M2, von der Prenzlauer Allee (Ecke Mollstraße) statt wie vorher über die Alte Schönhauser Straße zum Hackeschen Markt nun direkt über die Karl-Liebknecht-Straße zum Knoten Alexanderplatz zu fahren. Die letzte Neubaustrecke wurde schließlich am 4. September 2011 vom S-Bahnhof Adlershof in die Wissenschaftsstadt (Karl-Ziegler-Str.; Linien 60/61; 1,5 km) in Betrieb genommen, also wiederum auf dem Gebiet des ehemaligen Ost-Berlins. Nach jahrelangen Verzögerungen aufgrund diverser Einsprüche begann am 6. Juni 2011 der Bau der lange geplanten Straßenbahnstrecke entlang der Invalidenstraße vom Nordbahnhof zum 2006 eröffneten Hauptbahnhof (1,7 km), deren Inbetriebnahme sich allerdings weiterhin bis etwa 2015 verzögert. Im Zusammenhang mit diesen Bauarbeiten wurde die Strecke entlang des nördlichen Teils der Chausseestraße zur Endstelle Schwartzkopffstraße mit Blockumfahrung Pflugstraße/Wöhlertstraße im August 2013 stillgelegt. Derzeit endet die Linie M8 baustellenbedingt am Nordbahnhof. Abgesehen von diesem Projekt sind mittelfristig keine wesentlichen Neubaustrecken zu erwarten. Andererseits wird der Wagenpark der Berliner Straßenbahn derzeit erneuert, denn seit September 2011 sind die Serienfahrzeuge der neuen Generation „Flexity Berlin" im Fahrgasteinsatz, nachdem zuvor vier Prototypen fast drei Jahre lang ausgiebig getestet worden waren.

was inaugurated on 30 May 2007. The most recent route, from S-Bahn station Adlershof to what is known as Science City (Karl-Ziegler-Str.; lines 60/61; 1.5 km), was finally opened on 4 September 2011, yet another extension on former East Berlin territory. On 6 June 2011, after a delay of many years due to various legal objections that had been filed, the construction of the long-planned 1.7 km extension finally started from Nordbahnhof along Invalidenstraße to the new central railway station, opened in 2006. Its inauguration, however, has been delayed until about 2015. In conjunction with this extension, the route that used to run along the northern part of Chausseestraße to the Schwartzkopffstraße terminus (including the loop around Pflugstraße/Wöhlertstraße) was abandoned in August 2013. Line M8 is currently affected by the construction work and therefore terminates at Nordbahnhof. Besides this extension, no significant new tram routes can be expected in the mid-term future. Instead, the tram fleet is being completely renewed. The first serial-production 'Flexity Berlin' trams started regular passenger service in September 2011, after four prototypes had been thoroughly tested over a three-year period.

① **S-Bahnhof Bornholmer Straße** (08-05-2002, Maurits van den Toorn)
– Tatra KT4D-Doppeltraktion 7024+? überquert als Linie 23 (heute M13) die Bösebrücke, unter der bis 1989 die Berliner Mauer verlief, weshalb der S-Bahnhof ohne Halt durchfahren wurde. An dieser historischen Stelle überquerten die Ost-Berliner am Abend des 9. November 1989 erstmals die Grenze nach West-Berlin. 1995 erreichte die Tram auf dieser Strecke erstmals wieder West-Berliner Gebiet, ein kurzes Stück auf der Brücke wurde dabei mit Gleisverschlingung ausgeführt.
– *Tatra KT4D 7024 pulling a second tram on line 23 (now M13) on the Bösebrücke; until 1989, the Berlin Wall crossed here and therefore the S-Bahn station Bornholmer Straße was skipped. This was the historic location where East Berliners first crossed the border on the evening of 9 November 1989. In 1995, trams returned to West Berlin on this route, which includes a short section of interlaced tracks on the bridge.*

② **Rathaus Köpenick** (08-04-2006)
– Eine auf dem Köpenicker Netz einst typische Doppeltraktion von Tatra T6-Wagen (Nr. 5191+5195) hält als Linie 61 Richtung S-Bhf Adlershof vor dem prächtigen Rathaus, das durch den ,Hauptmann von Köpenick' berühmt wurde.
– *A two-car set made of Tatra T6 cars (nos. 5191+5195) was once typical for the Köpenick area; line 61 to S-Bahn station Adlershof calls in front of the magnificent Köpenick town hall, which became well-known in Germany through the 'Hauptmann von Köpenick'.*

③ **Landsberger Chaussee/Zossener Straße** (07-11-2011)
– GT6N-Triebwagen 1086 in der herbstlichen Nachmittagssonne als Linie 18 unterwegs nach Hellersdorf/Riesaer Straße
– *GT6N car no. 1086 on an autumn afternoon in service on line 18 to Hellersdorf/Riesaer Straße*

④ **Hackescher Markt** (02-05-2009)
– Der erst wenige Monate alte, kurze Einrichtungs-Prototyp Flexity 3001 wartet neben dem GT6N-Tw 2024 in der viergleisigen Wendeschleife in der Großen Präsidentenstraße auf die Abfahrt als Linie M5 Richtung Zingster Straße.
– *Only a few months old, the short prototype Flexity vehicle no. 3001 waits next to GT6N car no. 2024 at the four-track loop on Große Präsidentenstraße ready to depart for a line M5 service to Zingster Straße.*

Triebwagen 6211 – einer von zwei bereits 1929 gebauten Gelenkwagen mit schwebendem Mittelteil, am Depot Niederschönhausen (11-09-1994, Bernhard Kußmagk).
– *Motor car no. 6211, one of two articulated cars built in 1929 with a floating middle section, at the Niederschönhausen depot*

Triebwagen 5984 vom Typ T24 mit Beiwagen 339 vom Typ B24 auf Sonderfahrt am Prenzlauer Tor (Karl-Liebknecht-Str./Mollstr.) (11-07-2010, Bernhard Kußmagk)
– *Motor car no. 5984 of class T24 with B24 trailer no. 339 on a special ride at Prenzlauer Tor (Karl-Liebknecht-Str. / Mollstr.)*

🚋 Straßenbahnfahrzeuge

Angesichts der Größe des Straßenbahnbetriebs ist die Vielfalt des Wagenparks, wie sie anderswo oft zu finden ist, in Berlin eher beschränkt, denn derzeit gibt es nur drei verschiedene Grundtypen von Straßenbahnfahrzeugen. Das war nicht immer so, denn vor allem in der Anfangszeit der elektrischen Straßenbahn gab es allein schon wegen der großen Zahl von Straßenbahngesellschaften auch beim Wagenpark kein einheitliches Erscheinungsbild. Darauf im Detail einzugehen, würde den Rahmen dieses Buches sprengen, deshalb soll eine Auswahl an Fotos auf diesen Seiten einen kleinen Einblick geben. Dabei handelt es sich größtenteils um neuzeitliche Aufnahmen von museal erhaltenen und zu bestimmten Anlässen auf Berlins Straßen anzutreffenden Fahrzeugen. Leider verfügt Berlin über kein ständiges Straßenbahnmuseum im eigentlichen Sinn, doch kann man zahlreiche historische Fahrzeuge regelmäßig im ehemaligen Betriebshof Niederschönhausen besichtigen, wo der „Denkmalpflege-Verein Nahverkehr Berlin e.V." beheimatet ist [www.dvn-berlin.de]. An Wochenenden im September jedes Jahres ist außerdem das Depot Monumentenhalle des Deutschen Technikmuseums für Besucher geöffnet, wo ebenfalls mehrere historische Fahrzeuge, auch der U-Bahn und der S-Bahn, untergebracht sind [www.sdtb.de].

Die Berliner Straßenbahnwagen sind in vier Betriebshöfen untergebracht: Lichtenberg, Marzahn (beide auch für Wartungs- und Reparaturarbeiten), Weißensee und Köpenick.

🚋 *Tram Rolling Stock*

Considering the size of its tram system, Berlin does not have the diversity of rolling stock found elsewhere, and currently there are only three basic types of tram. This was not always the case, of course, and especially in the early days of electric trams, when there was a large number of operating companies, all sorts of tram vehicles ran on Berlin's streets. To give a detailed survey would go beyond the scope of this book, but a selection of photos on these pages may give an overview. Most photos are rather recent and show preserved vehicles, some of which can be seen on Berlin's tram routes on special occasions. Unfortunately, Berlin has no permanent tram museum, but numerous vintage cars can regularly be viewed in the former depot at Niederschönhausen, home to the "Denkmalpflege-Verein Nahverkehr Berlin e.V." [www.dvn-berlin.de]. On weekends in September of each year, the Monumentenhalle depot, which is part of the Deutsches Technikmuseum, opens its doors to visitors. It has a fine collection of all sorts of historical vehicles, including the U-Bahn and S-Bahn. [www.sdtb.de].

There are four depots for Berlin's trams: Lichtenberg, Marzahn (both also for maintenance and repair work), Weißensee and Köpenick.

Aktuelle Straßenbahnfahrzeuge | *Current Tram Rolling Stock*								
Typ *Class*	KT4D	KT4Dt	GT6N	GT6N-U (modern. GT6N)	GT6N-ZR	F6Z GT6-11 ZR	F8E GT8-11 ER	F8Z GT8-11 ZR
Hersteller *Manufacturer*	ČKD Tatra	ČKD Tatra	ADtranz/ Bombardier	ADtranz/ Bombardier	ADtranz/ Bombardier	Bombardier	Bombardier	Bombardier
Wagennummern *Car numbers*	6001...6150	7001...7099	1001...1105	1502...1552 (ex 1002...1047)	2001-2045	4001-4054	8001-8039 (ex 3001 = 8026)	9001-9048
Im Einsatz *In service*	138	4	70	35	45	34/54	26/39	10/48
Baujahr *Year of production*	1976-1987	1983-1987	1994-1998	1994-1998	1999-2003	2008 (4001) 2012-	2008 (8001) 2011-	2008 (9001) 2013-
Länge *Length*	18,11 m	18,11 m	26,80 m	26,80 m	26,50 m	30,80 m	40,00 m	40,00 m
Breite *Width*	2,20 m	2,20 m	2,30 m	2,30 m	2,30 m	2,40 m	2,40 m	2,40 m

Beiwagen 1420 des Typs B21 „Hawa-Wagen" (Bj. 1921, erstmals mit geschlossenen Plattformen) im Depot Niederschönhausen
– *Trailer no. 1420 of class B21 (so-called 'Hawa' car, built in 1921, the first trams with enclosed platforms) at the Niederschönhausen depot*

Triebwagen 6301 vom Typ TF50 der BVG-West („Panzerwagen", entstanden 1950 mit neuen Aufbauten auf Fahrgestellen von 1919, im Einsatz bis 1966) in der Monumentenhalle
– *Motor car no. 6301 of BVG West class TF50 (so-called 'Panzerwagen', built in 1950 with new car bodies on wheelsets from 1919, in service until 1966) on display in the Monumentenhalle collection*

Triebwagen 5725 vom Typ T24 (Baujahr 1924, ausgemustert 1963) in der Monumentenhalle
– *Motor car no. 5725 of class T24 (built in 1924, in service until 1963) on display in the Monumentenhalle collection*

Reko-Triebwagen 217 214 (verschrottet 1992) mit zwei Reko-Beiwagen unterwegs im Jahr 1981 auf der Linie 25 in Rahnsdorf (Bernhard Kußmagk)
– *Reko motor car no. 217 214 (scrapped in 1992) with two Reko trailers in service on line 25 in Rahnsdorf in 1981*

🅣 Tatra KT4D

Zwischen 1976 und 1987 fertigte der tschechische Hersteller ČKD Tatra in Prag für die Berliner Straßenbahn insgesamt 576 Fahrzeuge des Typs KT4D, wovon 99 zum mit Thyristorsteuerung ausgestatteten Untertyp KT4Dt gehören. Die Bezeichnung KT4D steht für tschechisch „Kloubová Tramvaj" [Gelenktram], 4-achsig, für Deutschland (DDR). Diese Einrichtungsbahnen sind 18,11 m lang und 2,20 m breit und können in Doppeltraktion eingesetzt werden. Ab 1984 wurden 8 Nullserienfahrzeuge aus Leipzig in die KT4D-Flotte aufgenommen, während 1989/1990 80 Stück an die Betriebe in Potsdam und Cottbus abgegeben wurden. In Cottbus verkehren sie heute mit einem eingefügten Niederflur-Mittelteil (KTNF6). Mitte der 1990er Jahre wurde die Hälfte der in Berlin verbliebenen Wagen grundlegend modernisiert, der Rest wurde 1999 verkauft, z. B. nach Stettin oder an verschiedene Betriebe in Rumänien, oder verschrottet. Heute stehen noch über 130 modernisierte KT4D (Nr. 6001...6173) im täglichen Einsatz. Im Laufe der nächsten Jahre werden auch diese wie bereits die meisten KT4Dt (Nr. 7001-7099) durch die neuen Flexity ersetzt.

Neben den Tatra-Gelenkwagen verkehrten in Berlin von 1989 bis 2007 auch 14,5 m lange Triebwagen vom Typ T6A2 (wobei die „6" für die sechste Entwicklungsreihe steht, das „A" für einen Drehgestellabstand von 6,7 m und die „2" für 2,20 m Breite!). Davon wurden bis 1991 insgesamt 118 Fahrzeuge geliefert, die in Doppeltraktion oder mit Beiwagen vom Typ B6 (oder auch Tw+Tw+Bw als „Großzug") eingesetzt wurden. Auch diese wurden Mitte der 1990er Jahre bereits modernisiert. Zahlreiche Wagen dieses Typs wurden nach Stettin und nach Dnipropetrowsk, einige nach Norrköping abgegeben. Manche sind in diesen Städten weiterhin im Berliner BVG-Gelb unterwegs.

🅣 *Tatra KT4D*

Between 1976 and 1987, the Czech manufacturer ČKD Tatra in Prague produced a total of 576 vehicles of the KT4D type for the Berlin tramway; 99 of these are equipped with a thyristor control and therefore belong to subclass KT4Dt. The designation KT4D stands for Czech 'Kloubová Tramvaj' [articulated tram], 4-axle, and built for Deutschland (GDR). The single-ended trams are 18.11 m long and 2.20 m wide, and can operate in multiple. From 1984, 8 vehicles of the 0 series were taken over from Leipzig, while 80 vehicles were transferred to Potsdam and Cottbus in 1989/1990. In Cottbus, they now operate with an added low-floor middle section (KTNF6). In the mid-1990s, half the Berlin Tatras were modernised, while the rest were sold, e.g. to Szczecin in Poland and several cities in Romania, or scrapped. The present Tatra fleet includes some 130 modernised KT4D (nos. 6001...6173) vehicles. In coming years, like most of the KT4Dt trams (nos. 7001-7099), they will be replaced by new Flexity trams.

Besides the articulated Tatra trams, Berlin also had a number of 14.5 m non-articulated T6A2 trams in service from 1989 to 2007; the '6' stands for '6th generation', the 'A' for a distance between bogies of 6.7 m, and the '2' for a width of 2.2 m!). By 1991, a total of 118 vehicles of this type had been delivered. They operated in multiple, either as M+M or M+T, but also M+M+T, with T being a trailer of class B6. The short Tatras were also modernised in the mid-1990s, and many of them were sold to Szczecin and Dnipropetrovsk, and some to Norrköping. In these cities, some of them still operate in their yellow BVG livery.

① KT4D-Museumstriebwagen 219 482 im Anstrich der 1980er Jahre auf Rundfahrt an der Haltestelle Mollstraße/Otto-Braun-Straße (16-10-2011)
– *KT4D museum tram no. 219 482 in 1980s livery on a special ride at Mollstraße/Otto-Braun-Straße*

② Doppeltraktion aus zwei KT4D-Triebwagen (7080+?) an der Endstelle Virchow-Klinikum (18-04-2011)
– *Two-car set of KT4D trams (no. 7080+?) at the Virchow-Klinikum terminus*

③ Doppeltraktion aus zwei T6A2-Triebwagen (5132+5137) in der Bölschestraße in Friedrichshagen, der vordere Wagen ging 2010 nach Stettin. (09-09-2006)
– *Two-car set of K6A2 trams (nos. 5132+5137) on Bölschestraße in Friedrichshagen; the leading car was transferred to Szczecin in 2010.*

◫ ADtranz GT6N

Dieser Gelenk-Triebwagen mit 6 Achsen für Normalspur war 1994 das erste Niederflurfahrzeug in Berlin. Zuvor, kurz nach Ankunft der letzten Tatra-Wagen, war ein bereits nach Bremen geliefertes Fahrzeug auf Berliner Strecken getestet worden. Bis 2003 wurden von diesem Typ insgesamt 150 Stück ausgeliefert, wobei 45 davon in Zweirichtungsausführung (ZR) gebaut wurden, welche damals vor allem für die heutige Linie M10 (Warschauer Straße – Nordbahnhof) benötigt wurden, da für diese Linie keine Wendeschleifen vorgesehen waren. Alle vier Serien des GT6N wurden in Hennigsdorf bei Berlin hergestellt. ADtranz war ein eher kurzlebiger Markenname des Schienenfahrzeugherstellers ABB Daimler Benz Transportation, der unter anderem aus der AEG Schienenfahrzeuge in Hennigsdorf hervorging und seit 2001 zu Bombardier Transportation gehört.

Die dreiteiligen GT6N-Fahrzeuge sind 26,8 m lang (ZR nur 26,5 m) und 2,30 m breit. Die Fußbodenhöhe liegt im Einstiegsbereich bei 30 cm, im Fahrgastraum sind keine Stufen vorhanden. Leider stehen nicht überall Bahnsteige zur Verfügung, nicht einmal auf der 2006 entlang der Bernauer Straße eröffneten Strecke, so dass diese Fahrzeuge an der vorderen Tür für Rollstuhlfahrer mit einem absenkbaren Fußbodenteil (Hublift) bzw. einer ausfahrbaren Rampe ausgestattet sind. Vom Typ GT6N stehen heute 60 Fahrzeuge der ersten (Nr. 1001-1060), 45 der zweiten (Nr. 1061-1105), 15 der dritten (Nr. 2001-2015) sowie 30 der vierten Serie (Nr. 2016-2045) im Einsatz. Der Typ GT6N war in den 1990er Jahren sehr erfolgreich und ist auch in anderen deutschen Städten im Einsatz. Die seit 2011 modernisierten Fahrzeuge tragen nun die Nummern 15xx.

◫ *ADtranz GT6N*

This articulated 6-axle tram became Berlin's first low-floor vehicle when it entered service in 1994. Prior to that, and shortly after the last Tatra tram had been delivered, an identical vehicle from Bremen had been tested on Berlin tracks. By 2003, a total of 150 GT6N vehicles had been delivered, 45 of them double-ended (ZR) and then required mainly for today's line M10 (Warschauer Straße – Nordbahnhof), which has no turning loops. The GT6N was produced in Hennigsdorf near Berlin in four batches. ADtranz was a rather short-lived brand name used by 'ABB Daimler Benz Transportation', which had absorbed 'AEG Schienenfahrzeuge' in Hennigsdorf and became part of Bombardier Transportation in 2001.

The 3-section GT6N trams are 26.8 m long (ZR only 26.5 m) and 2.30 m wide. The floor height is 30 cm at the doors, with no steps inside the vehicle. Unfortunately, not all stops have platforms, not even on the route along Bernauer Straße which opened in 2006, so these vehicles are equipped with a movable section or a retractable ramp at the front door to provide access for wheelchair users. The present GT6N fleet consists of 60 trams of the first batch (nos. 1001-1060), 45 of the second (nos. 1061-1105), 15 of the third (nos. 2001-2015), and 30 of the fourth (nos. 2016-2045). GT6N trams were very popular in the 1990s and can also be found in many other German cities. The BVG started a modernisation programme in 2011, with refurbished trams being numbered 15xx.

④ Auf der Linie M10 müssen Zweirichtungsfahrzeuge eingesetzt werden, wie hier der GT6N-ZR Nr. 2005 an der Endstelle Nordbahnhof. (09-03-2009)
– On line M10, double-ended trams have to be used, like GT6N-ZR no. 2005 at the Nordbahnhof terminus.

⑤ Seit 2010 wurden einige GT6N-Wagen den neuen Flexity optisch angepasst, mit schwarzen Türen und bis unten gelber Front, wie hier Wagen 1511 in der Danziger Straße (Paul-Heyse-Straße). (14-03-2014)
– Since 2010, some GT6N cars have been modified to visually match the Flexity trams, with black doors and the lower front section also painted yellow, like car no. 1511 at Danziger Straße (Paul-Heyse-Straße).

⑥ GT6N-Wagen 1058 mit ausfahrbarer Rampe an der Haltestelle Pankow-Kirche in der Berliner Straße (10-09-2011)
– GT6N car no. 1058 with retractable ramp stopping at Pankow-Kirche on Berliner Straße.

F6E Nr. 3001 – Hackescher Markt (02-05-2009)

F6Z Nr. 4001 – Karl-Liebknecht-Straße/Alexanderplatz (17-03-2009)

🆃 Bombardier Flexity Berlin

Im September 2011 kam das erste Serienfahrzeug (Nr. 8002) des neuen Typs „Flexity Berlin" von Bombardier in den Fahrgasteinsatz. Zuvor konnten sich die Berliner bereits fast drei Jahre lang mit vier Prototypen vertraut machen, die im Netz ausgiebig getestet wurden. Bevor diese jedoch im September 2006 bestellt wurden, waren mehrere Testfahrzeuge als Gast nach Berlin gekommen, so im Herbst 2004 der ULF von Siemens aus Wien oder im Frühjahr 2005 eine Incentro-Stra-ßenbahn von ADtranz aus dem französischen Nantes. Letzteres Modell beeinflusste maßgeblich die neue Flexity-Produktfamilie von Bombardier, nachdem ADtranz im Jahr 2001 von Bombardier übernommen worden war. Für Berlin entwickelte Bombardier schließlich eine maßgeschneiderte Version, den „Flexity Berlin". Dieser kam 2008/2009 in vier verschiedenen Ausführungen aus dem Werk Bautzen nach Berlin:
1) Kurzversion als Einrichtungswagen – F6E (Nr. 3001)
2) Kurzversion als Zweirichtungswagen – F6Z (Nr. 4001)
3) Langversion als Einrichtungswagen – F8E (Nr. 8001)
4) Langversion als Zweirichtungswagen – F8Z (Nr. 9001)
Die kurzen Züge sind fünfteilig und 30,8 m lang, die langen hingegen siebenteilig und 40 m lang. Da der Flexity 2,40 m breit ist, d.h. 10 cm breiter als die GT6N-Fahrzeuge, kann er vorerst und auch mittelfristig nicht auf dem gesamten Netz eingesetzt werden. Die Fußbodenhöhe über Schienenoberkante beträgt im Einstiegsbereich 295 mm, sonst 355 mm, der Wagen ist durch-gängig niederflurig ausgeführt. Da man mit den Prototypen weit-gehend zufrieden war, wurden schließlich im August 2009 99

🆃 *Bombardier Flexity Berlin*

In September 2011, the first of Bombardier's serial-production 'Flexity Berlin' trams (no. 8002) started passenger service. Prior to that, Berliners were able to test four prototypes over a period of almost three years. Before they were ordered in September 2006, several trams from other cities were presented on the Berlin network, like Siemens's ULF from Vienna in autumn 2004 and ADtranz's Incentro from Nantes in France in spring 2005. The latter significantly influenced Bombardier's Flexity family after ADtranz's acquisition by Bombardier in 2001. For Berlin, Bombardier designed a tailer-made version, the 'Flexity Berlin', which was delivered from Bombardier's Bautzen plant in 2008/09 in four different layouts:
1) short single-ended tram - F6E (no. 3001)
2) short double-ended tram - F6Z (no. 4001)
3) long single-ended tram - F8E (no. 8001)
4) long double-ended tram - F8Z (no. 9001)
At 30.8 m, the short trams have five sections, while the long 7-section trams are 40 m long. The Flexity trams are 2.40 m wide, thus 10 cm wider than the GT6N trams, and therefore cannot yet be operated on the entire network. The floor height is 295 mm at the doors and 355 mm inside the vehicle, with no steps. After general satisfaction with the prototypes, a total of 99 Flexity vehicles were ordered in August 2009, with an option for a further 39. This option was exercised at the end of 2012, when the original distribution of the dif-ferent types was also modified for the second time. An order

F8Z Nr. 9004 – Karl-Liebknecht-Straße/Spandauer Str. (14-03-2014)

F8E Nr. 8003 – Innenraum | *Interior* (08-12-2011)

F8E Nr. 8012 – Alexanderplatz (27-04-2012) – eines der langen Einrichtungsfahrzeuge | *one of the long single-ended trams*

Flexity-Fahrzeuge fest bestellt, mit einer Option auf 39 weitere, welche Ende 2012 eingelöst wurde. Gleichzeitig wurde die ursprüngliche Aufteilung das zweite Mal abgeändert und gänzlich auf die kurze Einrichtungsversion (Serie 3000) zugunsten einer höheren Anzahl längerer Fahrzeuge verzichtet. Während die Auslieferung der Serienfahrzeuge im Jahr 2011 begann, wurden die Prototypen an die Serienfahrzeuge angepasst. Prototyp-Wagen 3001 wurde mit zwei Modulen verlängert und kam als Wagen 8026 im Frühjahr 2014 nach Berlin zurück.

Anders als die GT6N-Wagen können die Flexity-Bahnen im Fahrgasteinsatz nicht gekuppelt werden. Nachdem der Wagen Nr. 4001 auch bei der Strausberger Eisenbahn (siehe S. 114) getestet worden war, schloss sich dieser Betrieb im September 2011 mit zwei Exemplaren dieses Typs der BVG-Bestellung an.

for single-ended short trams (3000 series) was cancelled in favour of more long vehicles. While serial production started in 2011, the prototypes were modified to match the serial trams. Prototype 3001 was extended with two additional sections and returned to Berlin as car no. 8026 in early 2014.

Unlike the GT6N trams, the Flexity trams cannot run in multiple. After car no. 4001 had been tested on the Strausberger Eisenbahn (see p. 114), Strausberg joined Berlin's order in September 2011 with two Flexity trams.

F8Z (90xx) (Bombardier Transportation)

SCHÖNEICHE-RÜDERSDORF

Die **Schöneicher-Rüdersdorfer Straßenbahn** ist die einzige meterspurige Bahnlinie in der Region von Berlin. Sie verbindet den Berliner S-Bahnhof Friedrichshagen (S3) mit den Gemeinden Schöneiche (12.200 Einwohner; Landkreis Oder-Spree) und Rüdersdorf (15.600 Einw.; Landkreis Märkisch-Oderland). Die ersten 3,5 km der insgesamt 14,1 km langen Strecke führen zweigleisig in Seitenlage der Schöneicher Landstraße gerade durch den Berliner Stadtforst. Die Ortsdurchfahrt Schöneiche sowie die östliche Streckenhälfte sind eingleisig, mit Ausweichen von Berghof Weiche bis Berghof, sowie an den Haltestellen Torellplatz und Rüdersdorf Marktplatz. An beiden Streckenenden befindet sich eine Wendeschleife.

Die heutige Linie 88 wurde am 28. August 1910 bis Schöneiche (5,6 km) eröffnet. Sie wurde jedoch anfangs nicht mit Oberleitung, sondern als Kleinbahn mit einer 18 PS starken Benzol-Lokomotive und einem Beiwagen betrieben. Die Verlängerung über Kleinschönebeck ins benachbarte Kalkberge (heute Teil von Rüdersdorf) erfolgte am 5. November 1912 (7,6 km). Zwar wurden dafür stärkere Lokomotiven beschafft, doch auch diese konnten die Steigungen in Kalkberge kaum bewältigen, weshalb die Strecke schließlich ab 1. Juni 1914 elektrisch als Straßenbahn betrieben wurde. Mitte der 1970er Jahre musste der Ortsteil Kalkberge dem Kalkabbau weichen, so auch der äußere Abschnitt der Straßenbahn nordöstlich der heutigen Haltestelle Marktplatz, stattdessen wurde eine Neubaustrecke bis Alt-Rüdersdorf errichtet.

Heute fährt die Linie 88 der *Schöneicher-Rüdersdorfer Straßenbahn GmbH* (SRS) wochentags tagsüber alle 20 Minuten. Zum Einsatz kommen drei KTNF6 (Nr. 26-28; mit eingebautem Niederflur-Mittelteil), die aus Cottbus übernommen wurden. Dazu kommen drei Duewag GT6-Wagen (Nr. 45, 47, 48) von der Heidelberger Straßenbahn, und als Reserve die Wagen 43 und 46.

An der SRS ist neben den betroffenen Gemeinden mit 70% die *Niederbarnimer Eisenbahn AG* beteiligt, die nördlich von Berlin die Heidekrautbahn betreibt. Tariflich ist die Linie 88 in den VBB integriert, es wird aber auch ein etwas günstiger SRS-Haustarif angeboten. [www.srs-tram.de]

Alt-Rüdersdorf (18-05-2011) – Alle Tatra-Wagen tragen an der Stirnseite ein Gemälde mit Motiven aus der Region, wie hier z.B. die Dorfkirche und der Straßenbahnbetriebshof.
– *All Tatra trams carry a painting on the front depicting a theme from the region, like e.g. the village church or the tram depot.*

The **Schöneiche-Rüdersdorf tram** *is the only metre-gauge railway in the Berlin region. It connects the Berlin S-Bahn station Friedrichshagen (S3) with the municipalities of Schöneiche (12,200 inh.; Landkreis Oder-Spree) and Rüdersdorf (15,600 inh.; Landkreis Märkisch-Oderland). The first 3.5 km of the 14.1 km route is double-track and runs alongside Schöneicher Landstraße straight through the Berlin Forest. The cross-town section in Schöneiche, as well as the eastern half of the route, is single-track, with passing loops between Berghof Weiche and Berghof, as well as at Torellplatz and Rüdersdorf Marktplatz. At both ends of the line there are terminal loops.*

Today's line 88 was opened to Schöneiche (5.6 km) on 28 August 1910, initially without an overhead wire, but as a railway line using an 18-hp benzene locomotive and a trailer. An extension via Klein Schönebeck to the neighbouring village of Kalkberge (now part of Rüdersdorf) was added on 5 November 1912 (7.6 km). Although more powerful locomotives had been purchased, they were hardly able to negotiate the steep slopes in Kalkberge, which finally led to the route being operated with electric trams from 1 June 1914. In the mid-1970s, the Kalkberge neighbourhood, including the outer portion of the tram line northeast of the present Marktplatz stop, had to give way to an expanding limestone quarry, and a new route was instead built to Alt-Rüdersdorf.

Today, line 88 is operated every 20 minutes on weekdays by the 'Schöneicher-Rüdersdorfer Straßenbahn GmbH' (SRS), with three KTNF6 trams (nos. 26-28, with added low-floor middle sections), all of which were taken over from Cottbus. There are also three Duewag GT6 cars (nos. 45, 47 and 48) plus two (43 and 46) kept in reserve, all of which were purchased from Heidelberg.

Besides the municipal ownership, 70% of the SRS is owned by the 'Niederbarnimer Eisenbahn AG', which operates the Heidekrautbahn north of Berlin. Line 88 is integrated into the VBB fare system, but slightly cheaper SRS fares are also available. [www.srs-tram.de]

Friedrichshagen (16-02-2003) – aus Heidelberg übernommener Duewag-Wagen Nr. 42, der heute nicht mehr im Einsatz ist.
– *ex Heidelberg Duewag tram no. 42, now out of service.*

Rahnsdorf (13-05-2007) – Gotha-Wagen Nr. 28 auf der Waldstrecke
– *Gotha tram no. 28 on the route through the forest*

Woltersdorf Schleuse (18-05-2011)
– Gotha-Wagen Nr. 31 an der östlichen Endstelle
– *Gotha tram no. 31 at the eastern terminus*

Vom Berliner S-Bahnhof Rahnsdorf ausgehend verläuft die **Woltersdorfer Straßenbahn** auf einer Länge von 5,6 km erst gerade durch ein Waldstück und erreicht nach ca. 2 km die etwa 8000 Einwohner zählende Gemeinde Woltersdorf im brandenburgischen Landkreis Oder-Spree. Wie die Berliner Straßenbahn hat sie eine Spurweite von 1435 mm und eine Oberleitung mit 600 V Gleichstrom, war jedoch nie mit ihr verbunden (die jeweiligen Endstellen in Rahnsdorf liegen etwa 1 km voneinander entfernt). Die Woltersdorfer Straßenbahn ist durchgehend eingleisig, mit drei Ausweichen: kurz vor der Berliner Stadtgrenze, am Berliner Platz und am Thälmannplatz (in der Nähe befindet sich das Depot). Diese Strecke wurde am 17. Mai 1913 in Betrieb genommen und blieb seither weitgehend unverändert. Sie wird heute mit sechs Gotha-Wagen vom Typ T57 (Nr. 27-32) betrieben; (Nr. 27, 29 und 30 ex Schwerin, 28 und 32 ex Dessau, 31 ex Dresden/Karl-Marx-Stadt). Die beiden noch vorhandenen Beiwagen (Nr. 89-90) werden im Normalbetrieb nicht eingesetzt, da es an den Endstellen keine Schleifen gibt und deshalb Umsetzmanöver notwendig wären. Die Woltersdorfer Straßenbahn verkehrt im 20-Minuten-Takt, mit Verstärkerzügen in der Hauptverkehrszeit zwischen Rahnsdorf und Berliner Platz. Sie ist als Linie 87 voll in den VBB-Tarif einbezogen, bietet aber auch einen eigenen Haustarif an. Gesellschafter der *Woltersdorfer Straßenbahn GmbH* sind der Landkreis Oder-Spree und die Gemeinde Woltersdorf. [www.woltersdorfer-strassenbahn.de]

Starting from the S-Bahn station Rahnsdorf in Berlin, the 5.6 km Woltersdorf tram runs straight through the forest for approximately 2 km before reaching Woltersdorf (8000 inh.) in the Brandenburg county of Oder-Spree. Like the Berlin tram, it has a track gauge of 1435 mm and a 600 V dc overhead line, but the two systems were never connected (the respective termini in Rahnsdorf lie about 1 km apart). The Woltersdorf tram is single-track, with three passing loops (near the Berlin city border, at Berliner Platz and at Thälmannplatz near the depot). This route was opened on 17 May 1913 and has remained largely unchanged since then. It is operated with six Gotha T57 trams (nos. 27-32; nos. 27, 29 and 30 ex Schwerin, nos. 28 and 32 ex Dessau, no. 31 ex Dresden/Karl-Marx-Stadt). The two trailers (nos. 89-90) are not used during normal operation since there are no terminal loops and therefore shunting manoeuvres would be necessary. The Woltersdorf tram runs every 20 minutes, with extra peak trams between Rahnsdorf and Berliner Platz. Labelled line 87, it is fully integrated into the VBB fare system, but also offers in-house fares. The 'Woltersdorfer Straßenbahn GmbH' is publicly owned by the Landkreis Oder-Spree and the Woltersdorf town council. [www.woltersdorfer-strassenbahn.de]

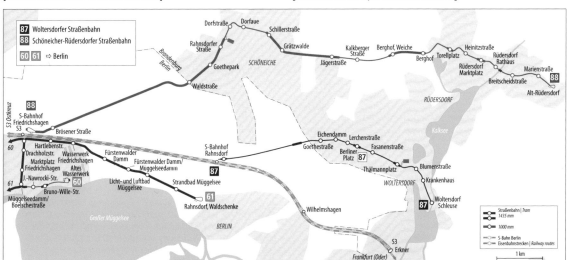

Hegermühle (25-05-2010)
– dreiteiliger Tatra-Wagen Nr. 22 (ex Košice), der 2014 ein Niederflur-Mittelteil erhält.
– *ex Košice three-section Tatra tram no. 22, being rebuilt in 2014 with a low-floor middle section.*

Die **Strausberger Eisenbahn** verbindet als Linie 89 auf einer 6 km langen Strecke den Bahnhof Strausberg an der Ostbahn mit dem Zentrum der 26.000-Einwohner-Stadt im Landkreis Märkisch-Oderland östlich von Berlin. Während die S-Bahn erst 1956 näher an die Stadtmitte herangeführt wurde, verkehrte die „Strausberger Kleinbahn" auf dieser Relation bereits seit dem 17. August 1893. Damals handelte es sich um eine Kleinbahn mit Dampflokomotiven, auf der auch Gütertransport stattfand. Nördlich der Haltestelle Hegermühle verlief die Trasse weiter östlich etwa zwischen der heutigen Straßenbahn und der S-Bahn und endete im Bereich des heutigen Depots. Ab 1919 wurde schließlich ab Hegermühle eine neue Trasse entlang der Berliner Straße ins Stadtzentrum errichtet, auf der am 16. März 1921 der elektrische Straßenbahnbetrieb aufgenommen wurde. Der äußere, nun auch elektrifizierte Abschnitt, auf dem Güterverkehr stattfand, wurde nach EBO (Eisenbahn-Bau- und Betriebsordnung) betrieben. 1926 wurde die Strecke vom Lustgarten um etwa 1 km nach Norden bis zur Provinzialanstalt verlängert, dieser Abschnitt wurde jedoch 1970 wieder stillgelegt. Der seit den 1990er Jahren nur noch gelegentlich vorhandene Güterverkehr wurde 2005 völlig eingestellt, der südliche Teil der Straßenbahnstrecke kann somit seit 2006 auch nach BOStrab (Betriebsordnung Straßenbahn) betrieben werden.

Heute fährt die Linie 89 auf der durchgehend eingleisigen Strecke mit Begegnungsmöglichkeit an der Haltestelle Hegermühle tagsüber wochentags alle 20 Minuten. Zum Einsatz kommen heute vorwiegend zwei Fahrzeuge des Typs Flexity Berlin F6Z (Nr. 0041-0042) von Bombardier, die im März 2013 geliefert wurden. Außerdem sind noch drei Tatra KT8D5-Wagen, die 1995 aus Kaschau/Košice (Slowakei) übernommen wurden (Nr. 21-23), im Bestand, wobei Wagen 21 und 23 nach Prag abgegeben werden sollen. Im Jahr 2003 kam ein Tatra-Wagen des Typs T6C5 (Nr. 30) als Reserve hinzu. Er war 1998 als Prototyp für New Orleans gebaut worden.

Die *Strausberger Eisenbahn GmbH* gehört zu 100% der Stadt Strausberg. Sie ist tariflich in den VBB integriert, es werden aber auch etwas günstigere exklusive Fahrscheine ausgegeben. Dieselbe Firma betreibt auch die Fähre über den Straussee, welche wegen ihres elektrischen Antriebs mit straßenbahnartiger Oberleitung als technisches Denkmal gilt.
[www.strausberger-eisenbahn.de]

The **Strausberger Eisenbahn** (line 89) connects Strausberg railway station on the Ostbahn to the centre of the town (26,000 inh.) in the county of Märkisch-Oderland east of Berlin. While the S-Bahn was only extended to the town centre in 1956, the 'Strausberger Kleinbahn' started running back on 17 August 1893. It was then a branch line with steam locomotives and freight traffic. The section north of Hegermühle used to run further east, somewhere between the present tram and S-Bahn routes, with a terminus at the present depot. In 1919, the construction of a new route from Hegermühle alongside Berliner Straße into the town centre started, with electric tram service beginning on 16 March 1921. The outer section, still shared with freight trains, was also electrified, but had to be operated under railway regulations (EBO). In 1926, the line was extended further north through the town centre to terminate at Provinzialanstalt, but this section was closed again in 1970. Freight traffic diminished after 1990 and was completely discontinued in 2005, allowing the southern section to be operated under tramway regulations (BOStrab), too.

At present, line 89 operates every 20 minutes on the single-track line which has a passing loop at Hegermühle. The line is primarily served by two Flexity Berlin F6Z vehicles (nos. 0041-0042) from Bombardier, which were delivered in March 2013. The operational rolling stock also includes three Tatra KT8D5 trams (nos. 21-23), which were purchased from Košice (Slovakia) in 1995. Cars nos. 21 and 23 are now set to be transferred to Prague. The fleet was complemented in 2003 with a T6C5 tram (no. 30) built in 1998 as a prototype for New Orleans and now only kept as a reserve.

The 'Strausberger Eisenbahn GmbH' is completely owned by the Strausberg town council. The line is integrated into the VBB fare system, but slightly cheaper tickets exclusively for Strausberg are also sold. The same company operates a ferry across the Straussee, whose electric traction using a tram-like overhead wire makes it a technical rarity.
[www.strausberger-eisenbahn.de]

Elisabethstraße > Lustgarten (31-10-2013)
– Flexity Nr. 0041 auf dem Weg zum Strausberger Bahnhof
– *Flexity tram no. 0041 on its way to Strausberg railway station*

Straussee (25-05-2010)
– elektrisch angetriebene Fähre mit Oberleitung
– *electric ferry with overhead power supply*

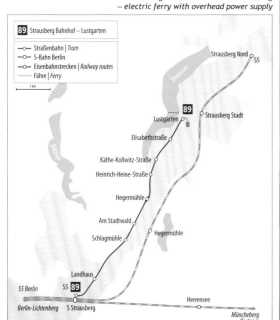

89 Strausberg Bahnhof – Lustgarten

—○— Straßenbahn | *Tram*
═○═ S-Bahn Berlin
═○═ Eisenbahnstrecken | *Railway routes*
········· Fähre | *Ferry*

1 km

Strausberg Nord ○ S5

Lustgarten ○ ········· 89 ○ Strausberg Stadt
Elisabethstraße ○
Käthe-Kollwitz-Straße ○
Heinrich-Heine-Straße ○
Hegermühle ○
Am Stadtwald ○
Schlagmühle ○ ○ Hegermühle
Landhaus ○
S5 Berlin S5 89
Berlin-Lichtenberg ○ S Strausberg ○ Herrensee
Müncheberg
Kostrzyn

Potsdam Hauptbahnhof (20-03-2014) – Variobahn Nr. 430

Potsdam ist die Hauptstadt des Landes Brandenburg und hat 152.000 Einwohner. Auch wenn die Stadt direkt an Berlin angrenzt, beträgt die Entfernung von Hauptbahnhof bis Hauptbahnhof doch 27,5 km. Potsdam liegt von Berlin aus gesehen im Tarifbereich C des VBB, zur Verwirrung der zahlreichen Besucher werden Potsdam und Umgebung allerdings auch in drei eigene, kleinere Tarifzonen ABC eingeteilt.

Das normalspurige Straßenbahnnetz hat eine Gesamtnetzlänge von 27,7 km und umfasst 7 Linien, wobei die Linie 98 nur zeitweise als Verstärker und die Linie 99 nur zur Hauptverkehrszeit bis Kirchsteigfeld verkehren. Ansonsten gilt auf allen Linien tagsüber ein 20-Minuten-Takt (auf der Linie 92 zeitweise Zusatzfahrten bis Bisamkiez). Das gesamte Netz ist zweigleisig ausgebaut, als Besonderheiten gibt es eine kurze Gleisverschlingung zwischen den Haltestellen Nauener Tor und Rathaus bei der Durchfahrt durch das alte Stadttor sowie ein Wendedreieck an der Endstelle Glienicker Brücke.

▊ Geschichte der Potsdamer Straßenbahn
Obwohl die Residenzstadt Potsdam bereits seit 1838 mit der Eisenbahn von Berlin aus erreichbar war, begann das Zeitalter des städtischen Schienenverkehrs erst 1880, als die erste Pferdebahn vom Alten Markt zur Glienicker Brücke (Rote Linie) in Betrieb genommen wurde. Kurz danach folgten die Grüne Linie Richtung Charlottenhof im Westen und die Weiße Linie nach Norden durch das Nauener Tor bis zur Alleestraße. Der Bahnhof wurde erst 1888 angeschlossen, nachdem die Lange Brücke über die Havel neu gebaut worden war.

Die private *Potsdamer Straßenbahngesellschaft* wurde am 1. Januar 1904 von der Stadt übernommen. Der elektrische Betrieb auf dem Grundnetz wurde schließlich am 2. September 1907 aufgenommen, die Weststrecke war gleichzeitig aus der Brandenburger Straße (heutige Fußgängerzone) in die parallele

Potsdam is the capital of the State of Brandenburg and has a population of 152,000. Even though the city is one of Berlin's direct neighbours, the distance from Hauptbahnhof to Hauptbahnhof is 27.5 km. From Berlin's perspective, Potsdam lies within VBB fare zone C, but to the confusion of many visitors, Potsdam and its surroundings are independently divided into three small fare zones ABC, too.

The standard-gauge tram network has a total network length of 27.7 km and consists of 7 lines, with line 98 only operating at certain times, and line 99 only running south to Kirchsteigfeld during peak hours. Otherwise, a 20-minute daytime headway applies on the other lines (extra trams on line 92 to Bisamkiez at certain times). The entire network is double-track, with a short section of interlaced tracks between Nauener Tor and Rathaus where trams pass through the old city gate, and a track triangle for reversing at the Glienicker Brücke terminus.

▊ History of the Potsdam Tram
The royal city of Potsdam was linked to Berlin by train in as early as 1838, but the era of urban rail only began in 1880, when the first horse tramway was opened from Alter Markt to Glienicker Brücke (Red Line). Shortly after, the Green Line went west to Charlottenhof and the White Line north through the Nauener Tor to terminate at Alleestraße. The railway station was not connected until 1888, once the Lange Brücke across the River Havel had been rebuilt.

The private 'Potsdamer Straßenbahngesellschaft' was taken over by the city on 1 January 1904. The electric operation of the basic network was finally launched on 2 September 1907, with the western route having been relocated from Brandenburger Straße (now a busy pedestrianised street) to the parallel Charlottenstraße. Electrification came rather

Charlottenstraße verlegt worden. Die relativ späte Elektrifizierung lag an Gründen, die auch heute noch häufig gegen Straßenbahnneubaustrecken vorgebracht werden: vermeintliche Verschandelung des Straßenbilds durch Oberleitungen und Störungen wissenschaftlicher Einrichtungen (in diesem Fall des Meteorologischen Instituts auf dem Brauhausberg).

Ein Jahr später, am 17. Oktober 1908, wurde die erste Neubaustrecke, vom Bahnhof ins benachbarte Nowawes (heute Babelsberg), als Blaue Linie bzw. Linie D eröffnet. Im Westen erreichte die Straßenbahn 1913 den Luftschiffhafen in der Zeppelinstraße. Weitere geplante Strecken nach Bornim oder Wannsee wurden nie verwirklicht. Nachdem 1928 die elektrische S-Bahn Potsdam erreicht hatte, ging als erster Abschnitt einer nie vollendeten Straßenbahnstrecke nach Caputh 1930 eine kurze Strecke bis Schützenhaus in Betrieb, die jedoch 1945 wieder eingestellt wurde. 1930 ersetzte man die bis dahin gebräuchlichen Linienbuchstaben (die Farben waren nach und nach verschwunden) durch Liniennummern. 1934 wurde das Netz durch die heute noch wichtige Strecke zum Bahnhof Rehbrücke ergänzt.

In Hinblick auf die endgültige Isolierung West-Berlins wurde in den 1950er Jahren der Eisenbahnaußenring fertiggestellt, so dass sog. „Sputnik"-Züge von Ost-Berlin um West-Berlin herumfahren konnten, um Städte wie Potsdam, Falkensee oder Hennigsdorf an die DDR-Hauptstadt anzuschließen. Im Fall von Potsdam entstand deshalb am Kreuzungspunkt mit der Bahnstrecke nach Michendorf ein Turmbahnhof, der bei Inbetriebnahme 1958 Potsdam-Süd, ab 1960 dann Potsdam Hauptbahnhof hieß. Um ihn an die Innenstadt anzuschließen, wurde die Straßenbahn ab Luftschiffhafen um etwa 1 km verlängert.

Die nächste wichtige Netzerweiterung erfolgte am 7. Oktober 1982 mit einem 4,5 km langen Abzweig von der Strecke nach Rehbrücke ins Neubaugebiet Am Stern, die weitgehend als Schnellstraßenbahn trassiert wurde und eine Brücke über die

late due to reasons only too familiar to today's tramway advocates: the visual impact of overhead wires in the city centre and possible interference with scientific institutions (in this case, the Meteorologisches Institut on Brauhausberg).

A year later, on 17 October 1908, the first new line was opened from the railway station to neighbouring Nowawes (now Babelsberg), the Blue Line or line D. In the west, the tram reached the airship port on Zeppelinstraße in 1913. Proposed further routes to Bornim or Wannsee never materialised. With the electric S-Bahn having reached Potsdam in 1928, the first section of a never-completed tram route to Caputh opened in 1930 up to Schützenhaus, but it only remained in operation until 1945. In 1930, the previously used line letters were replaced by line numbers (the colours had gradually disappeared). In 1934, the network was complemented by the still busy route to Rehbrücke railway station.

In view of the definitive isolation of West Berlin, the orbital railway line around Berlin was completed in the 1950s, allowing so-called 'Sputnik' trains to run from East Berlin around West Berlin to serve places like Potsdam, Falkensee and Hennigsdorf. In the case of Potsdam, a new bi-level station was built where the orbital route intersects with the line to Michendorf; it was called Potsdam Süd when it opened in 1958, but was renamed Potsdam Hauptbahnhof in 1960. To link this railway station to the city centre, a 1 km tram extension was built from the Luftschiffhafen terminus.

The next significant network expansion was a 4.5 km branch off the Rehbrücke route to the new housing estate Am Stern, opened on 7 October 1982. This route was mostly built as a rapid tram line and includes a bridge across the railway line to Belzig and across the Nuthe dual carriageway. On 30 April 1985, trams began running to Babelsberg on a new route via Humboldtbrücke, which had been built as part of the Nuthe road project. The old tram route to Alt-Nowawes along

Pirschheide (19-05-2011) – Combino Nr. 401 („Augsburg")

Bahnstrecke nach Belzig sowie über die Nutheschnellstraße enthält. Seit 30. April 1985 fahren die Straßenbahnen nach Babelsberg über die neue Strecke auf der Humboldtbrücke, die im Zuge der Nutheschnellstraße errichtet worden war. Die alte Strecke nach Alt-Nowawes über die Friedrich-Engels-Straße wurde jedoch erst 1992 stillgelegt.

Im Zuge des Bahnhofsumbaus wurden die Straßenbahngleise am 11. April 2000 an die Südseite des neuen Hauptbahnhofs (zuvor Potsdam Stadt) herangeführt. Der vorige Hauptbahnhof verlor nach der Wende mit Wiederaufnahme direkter Verbindungen über Wannsee schnell an Bedeutung und wurde 1993 in Pirschheide umbenannt.

Am 7. Februar 1993 wurde die 1982 eröffnete Strecke bis Robert-Baberske-Straße und am 23. Mai 1998 schließlich bis zur heutigen Endstelle Kirchsteigfeld/Marie-Juchacz-Straße verlängert. Die Nordstrecke, die 1954 und 1963 stückchenweise bis zum Kapellenberg erweitert worden war, erreichte am 4. Dezember 1999 die Endhaltestelle Kirschallee im Bornstedter Feld. Davon abzweigend folgte am 7. April 2001 anlässlich der Eröffnung der Bundesgartenschau (BUGA) ein Ast zur Viereckremise, womit das heutige Netz vervollständigt wurde.

Der Straßenbahnbetrieb ist weiterhin direkt in der Hand der Stadt Potsdam, seit 1990 unter dem Kürzel ViP (*Verkehrsbetrieb Potsdam GmbH*). Bereits 1991 wurde den Tramlinien im Hinblick auf eine einheitliche Nummerierung im Berliner Raum eine 9 vorangestellt. [www.swp-potsdam.de]

■ Fahrzeuge der Potsdamer Straßenbahn

Der aktuelle Fuhrpark besteht aus 52 Fahrzeugen: 20 KT4D, 17 Combinos und 15 (von 18 bestellten) Variobahnen.

Ab 1975 waren die Tatra KT4D-Prototypen 001 und 002 aus Prag in Potsdam im Einsatz, weitere Wagen folgten jedoch erst Anfang 1978. Bis 1983 wurden 33 KT4D geliefert. Diese Gelenkfahrzeuge sind 18,11 m lang und 2,20 m breit. 1989/1990 wurden aus Berlin 80 fast neue Wagen übernommen, so dass alle Altbaufahrzeuge in den Ruhestand geschickt werden konnten. In den 1990er Jahren wurden einige Fahrzeuge an die rumänische Stadt Ploieşti abgegeben, 85 Wagen wurden hingegen modernisiert. Davon kamen später einige nach Temirtau (Kasachstan), Ploieşti und Cluj (Rumänien) oder nach Szeged (Ungarn).

Im Dezember 1996 bestellte ViP bei Siemens 48 Niederflurwagen des damals neuen Typs „Combino". Nach Tests mit einem Prototypen erreichten die ersten Serienfahrzeuge (401-404) Ende 1998 Potsdam. Die fünfteiligen Fahrzeuge sind 30,52 m lang und 2,30 m breit. Durch die Verteilung der Elektrotechnik auf dem Dach konnte ein 100% niederfluriger Wagen hergestellt werden. 2004 stellte sich heraus, dass die Dachkonstruktion zu schwach ist, so dass Siemens sämtliche Combino-Fahrzeuge zurückholen und verstärken musste. In Potsdam

Friedrich-Engels-Straße remained operational until 1992.

In conjunction with the rebuilding of the railway station, the tram tracks were re-aligned on 11 April 2000 to allow trams to approach the new Hauptbahnhof (formerly Potsdam Stadt) directly from the southern side. The old Hauptbahnhof had lost its importance since reunification and the reintroduction of direct services via Wannsee, and it was renamed Pirschheide in 1993.

On 7 February 1993, the 1982 route was extended to Robert-Baberske-Straße, before reaching its current terminus at Kirchsteigfeld/Marie-Juchacz-Straße on 23 May 1998. The northern route, which had been extended in small steps to Kapellenberg in 1954 and 1963, had Kirschallee in the Bornstedter Feld as its new terminus from 4 December 1999. From 7 April 2001, the branch to Viereckremise served the area of the BUGA (National Garden Show), completing the present tram network.

The tram system is operated by the municipal 'Verkehrsbetrieb Potsdam GmbH', run since 1990 under the brand name ViP. In view of a future global line numbering system for the entire Berlin region, in 1991 Potsdam's tram lines were prefixed with a 9.
[www.swp-potsdam.de]

■ *Potsdam Tram Rolling Stock*

The present tram fleet includes 52 vehicles: 20 KT4D, 17 Combinos and 15 Variotrams (of 18 ordered).

In 1975, the first Tatra KT4D prototypes nos. 001 and 002, manufactured in Prague, went into service in Potsdam, but further vehicles only arrived in early 1978. By 1983, 33 KT4D had been delivered. These articulated trams are 18.11 m long and 2.20 m wide. In 1989/90, Potsdam took over 80 almost new vehicles of the same type from Berlin, and was thus able to withdraw all the older vehicles. During the 1990s, several trams were transferred to Ploieşti in Romania, while 85 trams were modernised. Some of the latter were later sent to Temirtau (Kazakhstan), Szeged (Hungary), Ploieşti and Cluj (Romania).

In December 1996, ViP ordered 48 low-floor Combino trams from Siemens. After tests with a prototype tram, the first serial-production trams (nos. 401-404) came to Potsdam in late 1998. The 5-section vehicles are 30.52 m long and 2.30 m wide. The tram is 100% low-floor as all electrical equipment was placed on the roof. In 2004, however, it became known that the roof structure may be too weak, obliging Siemens to recall all Combinos and reinforce them. With only 16 vehicles delivered, ViP pulled out of the contract. To compensate for the inconveniences suffered during the Combino crisis, Siemens handed the modernised 4-section prototype (no. 400) over to ViP in 2009.

① **Viereckremise** (31-05-2009) – Combino Nr. 415 „Mödling"

② Combino: Fahrgastraum | *Interior* (18-05-2007)

③ **Platz der Einheit** (12-05-1983) – Gotha-Gelenkwagen 174 (Baujahr 1967, ausgemustert 1991) mit Gotha-Beiwagen (Bernhard Kußmagk)
– *Gotha articulated tram no. 174 (built in 1967, withdrawn in 1991) + trailer*

④ **Kirschallee** (18-05-2007) – Tatra KT4D Nr. 152 (ex 076)

stieg man nach Auslieferung von 16 Fahrzeugen aus dem Vertrag aus. Als Entschädigung für die Unannehmlichkeiten während der Combino-Krise überließ Siemens Potsdam 2009 den modernisierten vierteiligen Prototypen (heute Nr. 400).

Um allmählich bei allen Fahrzeugen einen stufenlosen Einstieg anbieten zu können, bestellte ViP schließlich im Januar 2009 bei Stadler Pankow 10 Variobahnen, später wurden es 18 (Nr. 421-436). Das erste Fahrzeug kam am 17. Oktober 2011 in den Fahrgastbetrieb. Die Variobahnen sind 29,97 m und 2,30 m breit. Wie beim Combino handelt es sich um fünfteilige, durchgehend niederflurige Einrichtungsfahrzeuge.

In order to offer full accessibility with all trams, ViP finally ordered 10 Variotrams from Stadler Pankow in January 2009; this was later increased to 18 trams (no. 421-436). The first vehicle started passenger service on 17 October 2011. The Variotrams are 29.97 m long and 2.30 m wide. Like the Combinos, they have five sections and are low-floor throughout.

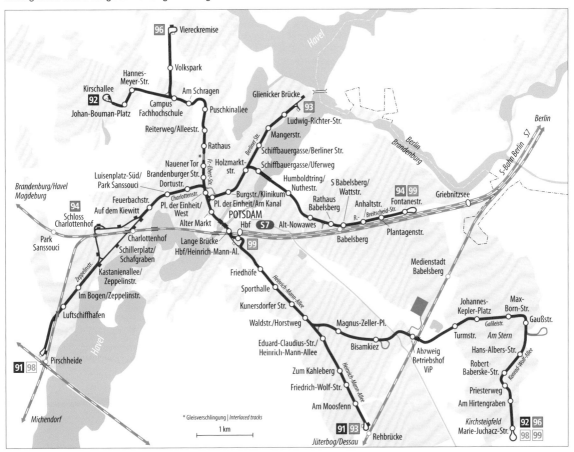

* *Gleisverschlingung | Interlaced tracks*

1 km

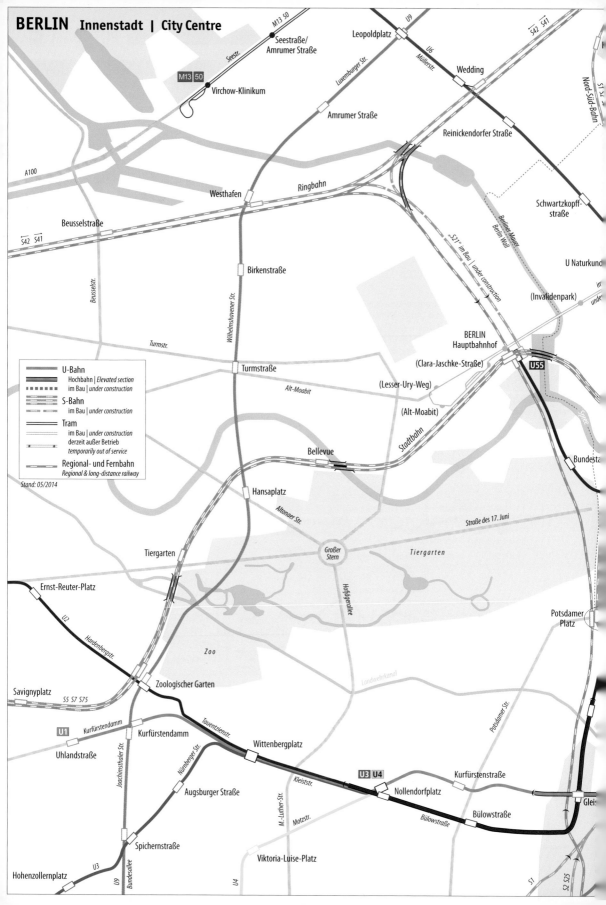

Milastraße
Raumerstraße
Prenzlauer Allee
S42 S41 S8 S85 S9
Humboldthain
U8
Friedrich-Ludwig-Jahn-Sportpark
Eberswalder Straße
U Eberswalder Straße/Pappelallee
Fröbelstraße
Voltastraße
Husemannstraße
Danziger Str.
M2
M10
Winsstraße
Wolliner Straße
Bernauer Str.
Prenzlauer Allee/Danziger Straße
Brunnenstr.
M10
Bernauer Straße
Schwedter Straße
Kastanienallee
Marienburger Straße
Greifswalder Str./Danziger Straße
Nord-Süd-Bahn
S1 S2 S25
Gedenkstätte Berliner Mauer
Bernauer Str.
Zionskirchplatz
U2
Schönhauser Allee
Knaackstraße
Hufelandstraße
Schwartzkopff-straße
Nordbahnhof
M10
M8
Brunnenstraße/Invalidenstraße
Pappel-platz
Weinbergsweg
Senefelderplatz
Prenzlauer Allee/Metzer Straße
M2
Am Friedrichshain
Invalidenstr.
Rosenthaler Platz
Torstr.
Rosa-Luxemburg-Platz
M4
U Naturkundemuseum
im Bau
under construction
Chausseestr.
M1 12
M8
Alte Schönhauser Str.
Torstr.
Mollstraße/Prenzlauer Allee
Mollstraße/Otto-Braun-Str.
(Invalidenpark)
Torstraße/U Oranienburger Tor
Oranienburger Str.
Weinmeisterstraße/Gipsstr.
U2
U8
K.-Liebknecht-Str.
M5 M6 M8
Platz der Vereinten Nationen
Oranienburger Tor
U6
M1 12
Oranienburger Straße
M1 12
Hackescher Markt
M4 M5 M6
Memhard-str.
Büschingstraße
Monbijouplatz
M4 M5
M6
M2
Schillingstr.
Spree
Friedrichstraße
Georgenstraße/Am Kupfergraben
Spandauer Str./Marienkirche
K.-Liebknecht-Str.
M2
U5
Alexanderplatz
U5
Bundestag
Universitäts-str.
M1 12
Am Kupfergraben
(Berliner Rathaus)
Karl-Marx-Allee
Strausberger Platz
U55
Brandenburger Tor
U5 im Bau
U5 under construction
(Unter den Linden)
(Museumsinsel)
Klosterstraße
Jannowitz-brücke
Stadtbahn
Französische Straße
Hausvogteiplatz
Friedrichstr.
S5 S7 S75
Mohrenstraße
Mohrenstr.
Stadtmitte
U2
Spittelmarkt
Wallstr.
Märkisches Museum
Brückenstr.
Potsdamer Platz
Leipziger Str.
Heinrich-Heine-Straße
1961-1989
H.-Heine-Str.
S1 S2 S25
Berliner Mauer
Berlin Wall
Kochstraße
Mendelssohn-Bartholdy-Park
Friedrichstr.
Moritzplatz
Oranienstr.
Anhalter Bahnhof
U6
Ritterstr.
Nord-Süd-Bahn
Möckernbrücke
Gleisdreieck
Hallesches Tor
Prinzenstraße
U1
U7
Gitschiner Str.
Kottbusser Tor
S2 S25
U8
Mehringdamm
500 m
M1
12
S42 S41

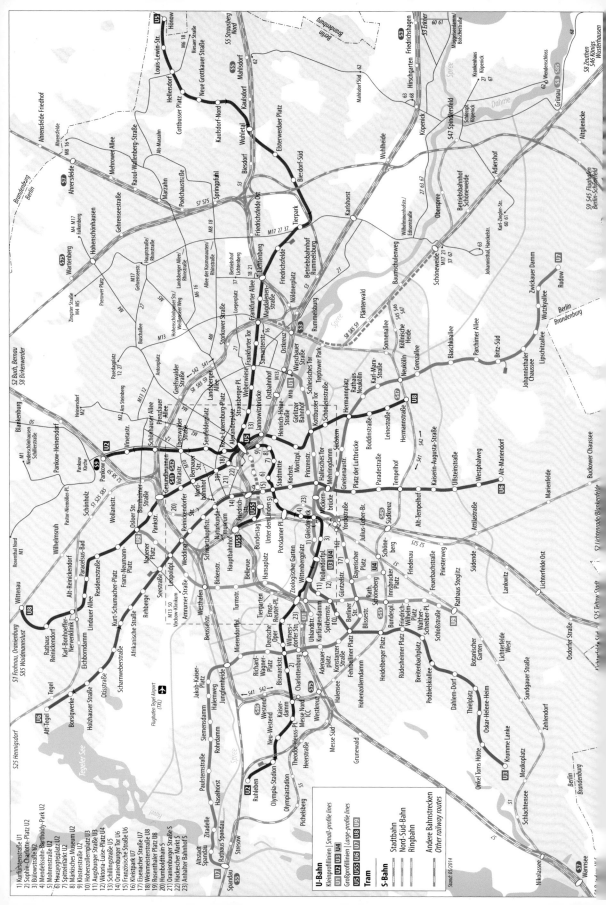

U-Bahn
Kleinprofillinien | Small-profile lines
U1 U2 U3 U4
Großprofillinien | Large-profile lines
U5 U55 U6 U7 U8 U9
Tram

S-Bahn
Stadtbahn
Nord-Süd-Bahn
Ringbahn
Andere Bahnstrecken
Other railway routes

1) Kurfürstenstraße U1
2) Sophie-Charlotte-Platz U2
3) Bülowstraße U2
4) Mendelssohn-Bartholdy-Park U2
5) Mohrenstraße U2
6) Hausvogteiplatz U2
7) Spittelmarkt U2
8) Märkisches Museum U2
9) Klosterstraße U2
10) Hohenzollernplatz U3
11) Augsburger Straße U3
12) Viktoria-Luise-Platz U4
13) Schillingstraße U5
14) Oranienburger Tor U6
15) Französische Straße U6
16) Kleistpark U7
17) Eisenacher Straße U7
18) Weinmeisterstraße U8
19) Rosenthaler Platz U8
20) Hundoldthain S
21) Oranienburger Straße S
22) Hackescher Markt S
23) Anhalter Bahnhof S

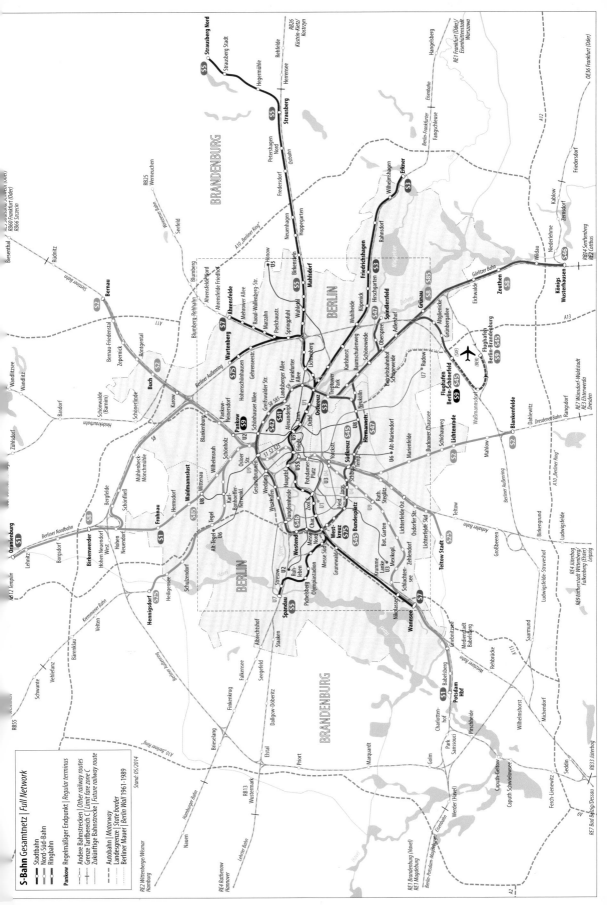

S-Bahn Gesamtnetz | Full Network

Stadtbahn
Nord-Süd-Bahn
Ringbahn

Pankow Regelmäßiger Endpunkt | Regular terminus

Andere Bahnstrecken | Other railway routes
Grenze Tarifbereich C | Limit fare zone C
Zukünftige Bahnstrecke | Future railway route

Autobahn | Motorway
Landesgrenze | State border
Berliner Mauer | Berlin Wall 1961–1989

Stand: 05/2014

S U Bahn Berlin Liniennetz *Routemap*

S
S1	Potsdam Hbf ↔ Oranienburg
S2	Blankenfelde ↔ Bernau
S25	Teltow Stadt ↔ Hennigsdorf
S3	Erkner ↔ Ostkreuz
S41	Ring ↻ im Uhrzeigersinn
S42	Ring ↺ gegen Uhrzeigersinn
S45	Flughafen Berlin-Schönefeld ↔ Südkreuz (↔ Bundesplatz)
S46	Königs Wusterhausen ↔ Westend
S47	Königs Wusterhausen ↔ Südkreuz
S5	Spindlersfeld ↔ Hermannstr.
S7	Spindlersfeld ↔ Schöneweide
S75	Strausberg Nord ↔ Spandau
S8	Ahrensfelde ↔ Wannsee
S8	Wartenberg ↔ Lichtenberg
S85	Wartenberg ↔ Westkreuz
S8	(Zeuthen ↔) Grünau ↔ Birkenwerder
S8	Grünau (↔ Pankow ↔ Birkenwerder)
S85	(Grünau ↔) Schöneweide
S9	Waidmannslust (nur Mo–Fr) (only Mon–Fri) Flughafen Berlin-Schönefeld ↔ Pankow
S9	Flughafen Berlin-Schönefeld ↔ Treptower Park

U
U1	Warschauer Straße ↔ Uhlandstraße
U2	Pankow ↔ Ruhleben
U3	Nollendorfplatz ↔ Krumme Lanke
U4	Nollendorfplatz ↔ Innsbrucker Platz
U5	Hönow ↔ Alexanderplatz
U55	Brandenburger Tor ↔ Hauptbahnhof
U6	Alt-Tegel ↔ Alt-Mariendorf
U7	Rathaus Spandau ↔ Rudow
U8	Wittenau ↔ Hermannstraße
U9	Osloer Straße ↔ Rathaus Steglitz

S+U-Bahn-Nachtverkehr
nur Fr/Sa ca. 0:30–5:30 Uhr
Sa/So und vor Feiertagen ca. 0:30–7:00 Uhr

S+U-Bahn nighttime traffic
Fri/Sat ca. 0:30 am–5:30 am
Sat/Sun and prior to holidays
ca. 0:30 am–7:00 am

S7

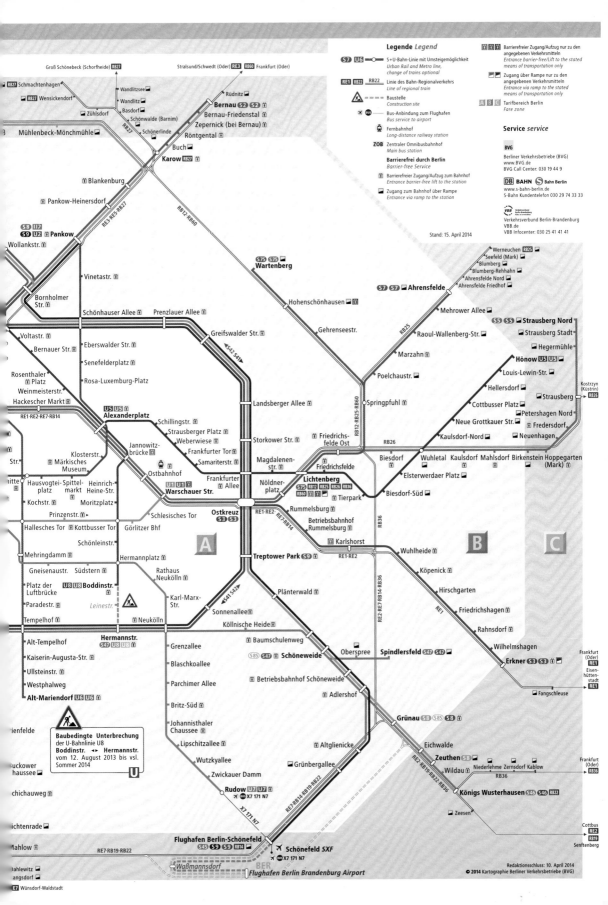

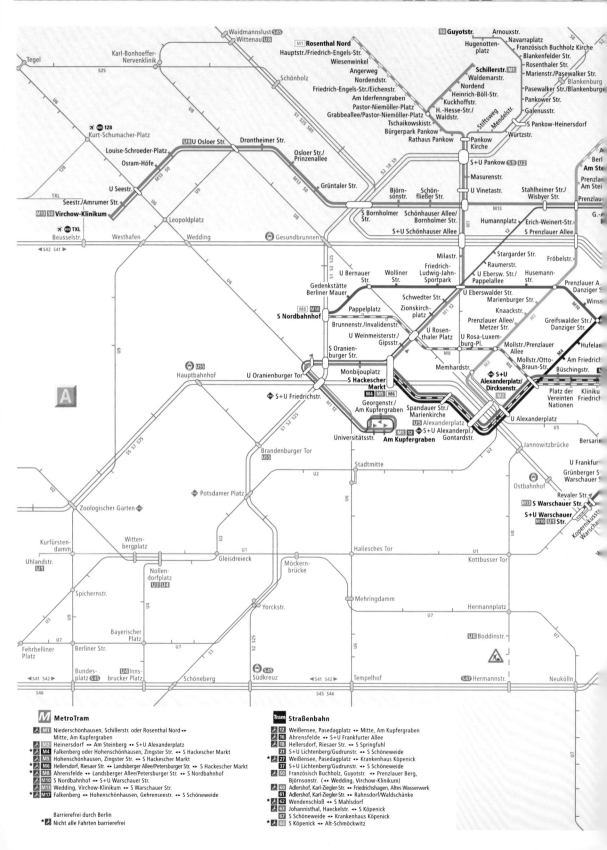

M MetroTram

- ♪ M1 Niederschönhausen, Schillerstr. oder Rosenthal Nord ↔ Mitte, Am Kupfergraben
- ♪ M2 Heinersdorf ↔ Am Steinberg ↔ S+U Alexanderplatz
- * ♪ M4 Falkenberg oder Hohenschönhausen, Zingster Str. ↔ S Hackescher Markt
- ♪ M5 Hohenschönhausen, Zingster Str. ↔ S Hackescher Markt
- * ♪ M6 Hellersdorf, Riesaer Str. ↔ Landsberger Allee/Petersburger Str. ↔ S Hackescher Markt
- * ♪ M8 Ahrensfelde ↔ Landsberger Allee/Petersburger Str. ↔ S Nordbahnhof
- M10 S Nordbahnhof ↔ S+U Warschauer Str.
- M13 Wedding, Virchow-Klinikum ↔ S Warschauer Str.
- * ♪ M17 Falkenberg ↔ Hohenschönhausen, Gehrenseestr. ↔ S Schöneweide

Barrierefrei durch Berlin
* ♪ Nicht alle Fahrten barrierefrei

Tram Straßenbahn

- ♪ 12 Weißensee, Pasedagplatz ↔ Mitte, Am Kupfergraben
- ♪ 16 Ahrensfelde ↔ S+U Frankfurter Allee
- ♪ 18 Hellersdorf, Riesaer Str. ↔ S Springfuhl
- ♪ 21 S+U Lichtenberg/Gudrunstr. ↔ S Schöneweide
- * ♪ 27 Weißensee, Pasedagplatz ↔ Krankenhaus Köpenick
- ♪ 37 S+U Lichtenberg/Gudrunstr. ↔ S Schöneweide
- ♪ 50 Französisch Buchholz, Guyotstr. ↔ Prenzlauer Berg, Björnsonstr. (↔ Wedding, Virchow-Klinikum)
- ♪ 60 Adlershof, Karl-Ziegler-Str. ↔ Friedrichshagen, Altes Wasserwerk
- ♪ 61 Adlershof, Karl-Ziegler-Str. ↔ Rahnsdorf/Waldschänke
- * ♪ 62 Wendenschloß ↔ S Mahlsdorf
- ♪ 63 Johannisthal, Haeckelstr. ↔ S Köpenick
- ♪ 67 S Schöneweide ↔ Krankenhaus Köpenick
- * ♪ 68 S Köpenick ↔ Alt-Schmöckwitz

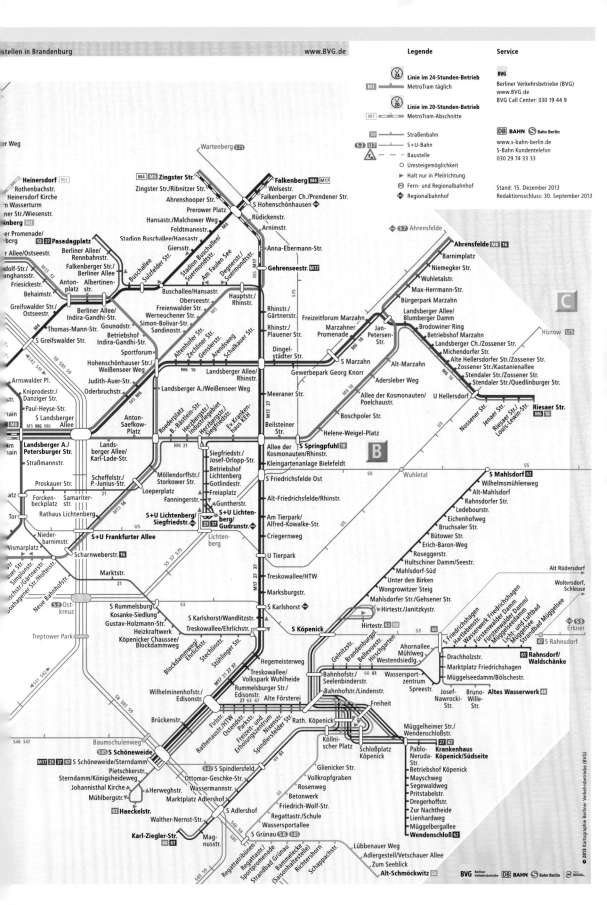

Legende

Ⓨ24	Linie im 24-Stunden-Betrieb
M1	MetroTram täglich
Ⓨ20	Linie im 20-Stunden-Betrieb
M1	MetroTram-Abschnitte
50	Straßenbahn
S2 U7	S+U-Bahn
⚠	Baustelle
O	Umsteigemöglichkeit
▶	Halt nur in Pfeilrichtung
✦	Fern- und Regionalbahnhof
✦	Regionalbahnhof

Service

BVG
Berliner Verkehrsbetriebe (BVG)
www.BVG.de
BVG Call Center: 030 19 44 9

DB BAHN **S Bahn Berlin**
www.s-bahn-berlin.de
S-Bahn Kundentelefon
030 29 74 33 33

Stand: 15. Dezember 2013
Redaktionsschluss: 30. September 2013

Reihe „Berliner U-Bahn-Linien"

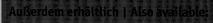

In dieser Reihe von Alexander Seefeldt und Robert Schwandl erfahren Sie alles über jede einzelne Linie, ihre Planungsgeschichte, angewandte Bauweisen, technische Besonderheiten sowie alles über die Gestaltung bzw. Umgestaltung und Umbauten ihrer U-Bahnhöfe. Bisher erschienen:

U5 - Von Ost nach West
ISBN 978 3 936573 36 7 (2. Aufl.), 14,50 EUR

U6 - Die „Nord-Süd-Bahn" durch Mitte
ISBN 978 3 936573 34 3, 14,50 EUR

U7 - Quer durch den Westen
ISBN 978 3 936573 37 4, 19,50 EUR

U9 - Nord-Süd durch die City-West
ISBN 978 3 936573 30 5, 14,50 EUR

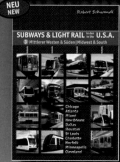

SUBWAYS & LIGHT RAIL - U.S.A. 1: Ostküste | East Coast
SUBWAYS & LIGHT RAIL - U.S.A. 2: Westen | The West
URBAN RAIL DOWN UNDER - Australia & New Zealand

TRAM ATLAS NORDEUROPA, TRAM ATLAS DEUTSCHLAND
METROS IN ... Frankreich/France, Holland, Belgien/Belgium,
Skandinavien, Portugal, Deutschland/Germany,
+ Wien/Vienna

Der fünfte Band dieser Reihe, der über die Linie U8, erscheint voraussichtlich Anfang 2015.
Näheres unter www.robert-schwandl.de !

SORRY: The Berlin U-Bahn line by line series is available in German only!

Robert Schwandl
BERLIN U-BAHN ALBUM

Alle Untergrund- und Hochbahnhöfe in Farbe
All Underground & Elevated Stations in Colour

Text deutsch & English

2. Ausgabe 2013/2nd edition 2013
ISBN 978 3 936573 39 8
14,50 EUR

Frankfurt, Köln/Bonn, Hamburg, Rhein-Ruhr 1,
Rhein-Ruhr 2, Hannover, München,
Nürnberg, Wuppertal

Robert Schwandl Verlag, Hektorstraße 3, 10711 Berlin
Tel. 030 - 3759 1284, Fax 030 - 3759 1285
books@robert-schwandl.de - www.robert-schwandl.de